Joseph Schmilg

Über Entstehung und historischen Wert des Siegeskalenders

Megillath Ta'anith

Joseph Schmilg

Über Entstehung und historischen Wert des Siegeskalenders Megillath Ta'anith

ISBN/EAN: 9783743422759

Hergestellt in Europa, USA, Kanada, Australien, Japan

Cover: Foto ©ninafisch / pixelio.de

Manufactured and distributed by brebook publishing software (www.brebook.com)

Joseph Schmilg

Über Entstehung und historischen Wert des Siegeskalenders

Megillath Ta'anith

Ueber Entstehung und historischen Werth des Siegeskalenders *Megillath Taʿanith*.

Historisch-kritische Abhandlung

von

Joseph Schmilg

aus Russland.

Inaugural-Dissertation.

Leipzig,
Druck von Ackermann u. Glaser.
1874.

Der Frau Baronin

JAMES von ROTHSCHILD

in dankbarer Verehrung

gewidmet.

Die alten Völker hatten die Gewohnheit, Siege und Triumphe durch Denkmäler zu verewigen, damit auch die Nachwelt ihre Thaten bewundere. Aber diese Denkmäler können, so gross und prächtig sie auch sein mögen, in den meisten Fällen eben nur Bewunderung hervorrufen, Erstaunen über die äussere Macht und Grösse eines Volkes, welches solcher Thaten fähig war. Sie zeugen nicht für die innere Grösse, für die geistige Kraft und sittliche Würde des Volkes, erregen vielmehr nicht selten in dem ernst denkenden Menschen Unwillen und Entrüstung durch die darin hervortretende Anmassung und übermüthige Herabsetzung der Besiegten, sowie schmerzliche Gefühle durch die Erinnerung an das durch jene Siege verursachte Leid und Elend.

Anders ist es, wenn ein Volk, welches in seinem Lande von einem fremden eroberungssüchtigen Feinde angegriffen, überwunden und unterjocht wird, sich im Bewusstsein seiner innern Stärke und Würde wieder aufrafft, mit Aufwand all seiner Kräfte der Gewalt des übermächtigen Feindes muthig entgegentritt, diesen aus seinem Lande verdrängt, das drückende Joch abschüttelt, die ehemalige Unabhängigkeit wieder erlangt, und dann das Gedächtniss der in diesem Freiheitskampfe errungenen Siege für immer zu erhalten sucht und sie durch Denkmäler den spätern Geschlechtern verkündet, um dadurch erhebend und veredelnd auf das Nationalbewusstsein einzuwirken. Die Denkmäler, welche solche Thaten verewigen, bestehen meistens nicht aus todten Steinmassen, sondern in lebendigen Liedern und öffentlichen Gedenkfesten. Solche Denkmäler haben ihren unerschütterlich festen Grund und Boden im Bewusstsein des Volkes selbst und leben fort so lange das Volk lebt. —

Die politische und welthistorische Bedeutung des jüdischen Volkes beginnt mit dem Auszuge aus dem Lande der Pharaonen. Dieser Abschüttelung des ägyptischen Joches setzte es kein anderes Denkmal als ein siebentägiges Freudenfest, welches alljährlich gefeiert und bei welchem das freudige Ereigniss der Befreiung in seinen einzelnen Zügen von den Familienvätern erzählt werden sollte.

So in immer frischer Erinnerung erhalten, war der Auszug aus Aegypten dem jüdischen Volke zu allen Zeiten ein Hebel sittlicher Aufrichtung, eine trostbietende Leuchte in der finstern Nacht der Drangsale. — Der mächtige Impuls, den das jüdische Volk in Aegypten erhalten, wirkte fort in dem verheissenen Lande. Es entfaltete hier eine bis dahin noch unerprobte Kraftfülle, indem es die immer von neuem versuchten starken Angriffe der benachbarten Völker vereitelte. Allein die heiss ersehnte Ruhe ward ihm selten und nur vorübergehend zu Theil, denn von der Zeit der Besitznahme Palästinas zieht sich, nur unter Salomo eine Zeit lang pausirend, eine lange Reihe blutiger Kämpfe gegen die benachbarten und die am Euphrat und am Nil wohnenden Völker hin, welche mit der Eroberung Jerusalems durch Nebukadnezar und der babylonischen Verbannung enden.

Bis dahin hatte die politische Macht Israels den Neid und die Eroberungssucht der fremden Völker erweckt, die jüdische Religion blieb unangefochten; sie trat zuerst unter Xerxes (Achaschwerosch) dem Heidenthum gegenüber in die Schranken und behauptet das Feld[1]; auch dieses Ereigniss wurde durch ein für alle Zeiten eingesetztes, überall und allgemein zu feierndes jährliches Fest verewigt. — Nachdem Babylon von Cyaxares II (Darius) und seinem Neffen Cyrus erobert worden (538) und das chaldäische Reich mit Syrien, Phönizien und Palästina unter persische Botmässigkeit gekommen war[2], erhielten die Juden von Cyrus, dem „Gesalbten Gottes", die Erlaubniss, in ihr Heimatland zurückzukehren und den Tempel wieder aufzubauen.[3] Ein grosser Theil der Exulanten, darunter viele Priester und Leviten, trat darauf unter Serubabel, dem „Fürsten Juda's", und Josua, dem Hohenpriester, den Weg nach Judäa an, liess sich da nieder (536), und ging bald an das heilige Werk des Wiederaufbau's des Tempels (535), der im sechsten Jahre des Darius Hystaspis (515) vollendet wurde.[4] Aber die alte Freiheit und Selbstständigkeit war auch jetzt noch verloren: Judäa wurde als kleinere Provinz zur syrischen Satrapie geschlagen[5], und gelangte während der ganzen persischen Herrschaft nicht einmal zum Range eines Vasallenstaates. Es wurde, obwohl es eigene und sogar jüdische Landpfleger, wie Serubabel und Nehemja, erhalten hatte, doch vom syrischen Statthalter beherrscht.[6] Die Hohenpriester wurden von jedem Einflusse auf staatliche Ange-

---

1) Vgl. Ester 3, 5—6. 8; *Jos.*, *ant*. XI, 5, 5. 12.
2) Vgl. Xenophon, Cyrop. I, 1, 4; Herzfeld, Gesch. des Volkes Israel I, S. 219.
3) Esra 6, 3 – 5; *Jos.* ebend. 1, 2.
4) Esra 6, 15; nach *Jos.* ebend. 4, 7 im neunten Jahre des Darius.
5) Vgl. Herodot 3, 19; Herzfeld ebend. Anm. 97.
6) Vgl. Ewald, Gesch. des Volkes Israel III, 2, S. 140.

legenheiten ferngehalten; das Volk musste die drückende Last der vielen Steuern tragen und war der Raubsucht der persischen Beamten[1]) und nicht minder den Feindseligkeiten der benachbarten Volksstämme ausgesetzt[2]), besonders des samaritanischen Mischvolkes, dessen Eifersucht und Böswilligkeit es in seiner Entwicklung zu hindern und ihm unaufhörlich bis in die Makkabäerzeit hinein Leiden zu bereiten suchte[3]). In diesen drückenden Verhältnissen fühlte es sich aber dennoch nicht unglücklich; denn es hatte ja das ihm Theuerste erlangt: es war wieder in seiner alten Heimat und konnte hier ungestört nach den heiligen Satzungen seiner Väter leben; der Tempel, der Mittelpunkt und das Band der ganzen Nation, war wieder erstanden in seiner alten Herrlichkeit, der Bedrängte konnte hier sein Herz im Gebet vor Gott ausschütten und Trost und Beruhigung finden. Die Normen für die Regelung des religiösen Lebens erhielt das Volk von dem aus seinen Aeltesten gebildeten Senate, dessen Wirkungskreis, anfangs noch beschränkt, mit der Zeit sich immer mehr erweiterte, und dem neben der Ausübung richterlicher Funktionen auch die Ueberwachung und Bewahrung der wichtigsten Interessen des Gemeinwesens oblag.[4] Aus diesem Senate entwickelte sich schon früh die reicher organisirte und bestimmter ausgeprägte Körperschaft des grossen Synedrion, welches bereits in der griechisch-syrischen Zeit nächst dem Hohenpriester den grössten und entscheidendsten Einfluss in allen staatlichen Angelegenheiten hatte und bis auf Herodes das gesetzliche und politische Organ des Volkes war.[5]

Der neue Umschwung, den die Dinge mit dem Auftreten Alexander des Grossen in den asiatischen Staaten nahmen, blieb auch für die Verhältnisse Judäas nicht ohne gewaltige und nachhaltige Wirkung, brachte aber in seiner gedrückten politischen Stellung keine wesentliche Veränderung hervor. Judäa blieb nach wie vor eine Provinz des syrischen Reiches, und war in den Kämpfen zwischen den Nachfolgern Alexanders, den Seleuciden und Lagiden, der Zankapfel der streitenden Mächte[6]. Die Steuerlast wurde wenig erleichtert, und drückte bis auf die Zeit des Steuerpächters Joseph ben Tobias (um 199 v. Chr.) das Volk in hohem Grade nieder[7]. Aber die unbeschränkte Freiheit in Ausübung der

---

1) Nehemja 9, 36—37, vgl. auch Grote, Gesch. Griechenl., deutsch von Meissner, II, S. 393 f.
2) Nehemja 4, 1—2. 6, 16; Jos. ebend. 5, 8.
3) Esra 4, 4—6; *Jos.* ebend. 2, 1. 4, 3. 8, 6—7; XII, 1, 1. 4,1; XIII, 10,2; Meg. Ta'an. 9, 1.
4) Esra 5, 9; 10, 6 —7; 8, 14, vgl. Herzfeld ebend. S. 254—56.
5) Vgl den zweiten Theil.
6) Vgl. *Jos.*, ebend. XII, 1, 1. 3, 3 und Ewald, ebend. S. 327.
7) Vgl. *Jos.*, ebend. 4, 1—5.

Religionsgesetze, welche es von Alexander[1] erhielt und welche von Antiochos dem Grossen, durch den Judäa zum ersten Male auf eine längere Zeit unter die syrische Herrschaft gekommen war (um 198), bestätigt wurde[2], erleichterte ihm das Joch der Fremdherrschaft, und es trug manches Leid geduldig und mit der ihm eigenthümlichen Gottergebenheit, so lange es nur nicht in seinen religiösen Gefühlen verletzt wurde. Es gelangte auch unter manchen Machthabern zu grossen Ehren und besondern Auszeichnungen und sah mit freudig gehobenem Selbstbewusstsein in den reichen Gaben, die jene dem Tempel verehrten', und den vielen Opfern, die sie hier dem „höchsten Gotte" darbrachten, sowie in der von einem mächtigen heidnischen Herrscher veranstalteten Uebersetzung des Pentateuchs ein klares und deutliches Zeichen der Hochachtung seiner Religion seitens der Heiden[3].

Die freiere Bewegung, welche vom griechischen Geiste ausgegangen war und welche auch in Judäa über alle Gebiete des Lebens sich verbreitete, förderte durch Handel und Gewerbe den Wohlstand des Volkes und vermehrte seinen Reichthum, erzeugte aber zugleich bei Manchen, vorzüglich bei den Reichen und Vornehmen, welche das verführerische griechische Leben an den Höfen von Syrien und Aegypten kennen gelernt hatten und sich deshalb unter der Last der Religionsvorschriften unbehaglich fühlten, Lauheit in Befolgung derselben, Wankelmüthigkeit im Glauben oder selbst gänzlichen Abfall.[4] Diese „Abtrünnigen vom heiligen Bunde", mit dem eigenen Verrathe an der väterlichen Religion und Sitte sich nicht begnügend, wollten auch das Volk davon abbringen und es dem Heidenthume zuführen, aber auf heftigen Widerstand stossend und unvermögend, den im Herzen des Volkes tief gewurzelten Glauben wankend zu machen, suchten sie ihn mit Gewalt zu erschüttern, und gingen zu diesem Zwecke die syrischen Machthaber um Hülfe an[5]. In Folge dessen brach über Judäa ein Unglück herein, wie seines Gleichen noch nicht erlebt worden war und welches dem jüdischen Volksthum Verderben und Untergang drohte. — Mit Antiochos IV. Epiphanes (seit 175) kam der gottlose menschenverachtende Uebermuth und der unbeugsame Eigensinn auf den syrischen Thron[6]. Geldgier und Streben nach unbeschränkter Selbstherrschaft waren die Triebfedern der Handlungen dieses Königs. Seinem natür-

---

1) Ebend. XI, 8, 5.
2) Ebend. XII, 3, 4.
3) Vgl. I Makk. 1, 40; II Makk. 5, 16; *Jos.* ebend. XII, 2—3, c. Ap. II, 5 Anfang.
4) Vgl. Grätz, Gesch. d. Juden III, S. 9 f.
5) Vgl. *Jos.* ebend. XII, 5, 1; II Makk. 4, 7—12.
6) Vgl. I Makk. 1, 24; II Makk. 5, 17. 11, 8. Dieser Antiochos hat nicht allein den jüdischen Gott, sondern auch jeden andern Gott seiner Unterthanen und selbst die hellenischen Götter nicht geachtet, vgl. Ewald, ebend. S. 339.

lichen Hasse gegen das Judenthum folgend und nicht minder durch grosse Geldversprechungen angezogen, verlieh er den böswilligen Einflüsterungen und verrätherischen Anträgen der Gesetzesabtrünnigen ein geneigtes Ohr, und gleich seine ersten Schritte in Judäa waren Angriffe auf die altjüdische Sitte und Religion[1], auf die er dann die Plünderung des Tempels, die Verwüstung Jerusalems und das Hinschlachten von Tausenden folgen liess. Das alles befriedigte ihn aber nicht — er wollte das Judenthum mit seiner Wurzel ausrotten und jede Spur der alten Religion in Judäa vertilgen. Er erliess strenge Verfolgungsedikte gegen alle, die der alten Religion anhingen, und zwang die Juden, ihre Lebensweise aufzugeben und die der Heiden anzunehmen, und statt des Gottes der Väter den hellenischen Göttern zu huldigen. Man durfte nicht einmal bekennen, dass man Jude sei, und den Gott Israels nicht einmal nennen[2], man musste ihn öffentlich verleugnen.[3] Die Juden fanden jetzt zum ersten Male Gelegenheit, den Heiden zu zeigen, dass sie ihr Leben willig für den Glauben der Väter hingeben könnten, und dass die schmerzlichsten Qualen die innige Anhänglichkeit an ihre Religion nicht aus ihren Herzen zu reissen vermöchten[4]: die giftigen Pfeile des Antiochos und dessen mächtige Sturmangriffe prallten bei Vielen, denen es nicht gelungen war, sich in die Einöden und Bergklüfte zu retten, an dem ehernen Schilde ihrer unerschütterlichen Treue ab. Es war das erste Märtyrerthum der Juden.

Mitten im Sturme dieser blutigen, mit verheerender Gewalt das ganze Land überfluthenden Verfolgungen erhob sich in heroischer Gestalt und mit allem Feuer der Begeisterung für die ererbten heiligen Güter eine in einem Flecken westlich Jerusalems wohnende Priesterfamilie, welche, wie von einer höheren Macht getrieben, der Willkürherrschaft den Krieg ankündigte und den Anstoss zur allgemeinen Schilderhebung gab. Es war die Heldenfamilie der Hasmonäer. Die durch ihren tiefen Religions- und Freiheitseifer hervorgerufene Bewegung ergoss sich, mit jedem Tage immer höher anschwellend, über das ganze Land, und mit wunderbarer Schnelligkeit riss sie alle Treuen mit sich fort. Die gewaltige syrische Macht vermochte nichts gegen die kleine, aber mit todtesverachtendem Ungestüm kämpfende Schaar, welche, in wachsender Mächtigkeit von Sieg zu Sieg fortschreitend, den syrischen Feldherren immer furchtbarer wurde. Die glänzenden Erfolge steigerten den Muth und die Zuversicht der Kämpfer, und diese gewannen ein klareres

---

1) Die Absetzung des frommen Hohenpriesters Onias III. und die Einführung verschiedener griechischer Spiele in die heilige Stadt, vgl. II Makk. 4, 7—16.
2) Ebend. 6, 6; Meg. Ta'an. 7, 1.
3) Jer. Chagiga 2, 2.
4) Vgl. Jos., c. Ap. 1, 8.

Bewusstsein von der heiligen Sache, für die sie die Waffen ergriffen, und von der hohen Aufgabe, die sie sich gestellt hatten. Sie eroberten bald Jerusalem, reinigten den Tempel und stellten den alten Cultus wieder her[1]; hiermit wurde den siegreichen Unternehmungen die Krone aufgesetzt. — Wie die Religion der erste Grund der Erhebung und des Kampfes war, so wurde auch in ihr und mit ihr den grossen und freudigen Errungenschaften das erste grösste Denkmal gesetzt: das achttägige Licht- und Freudenfest, welches die Erinnerung an die erfochtenen Siege und an das durch diese dem jüdischen Volke aufgegangene Licht der Freiheit im Gedächtnisse der spätern Nachkommen bewahren sollte, wurde an einen religiösen Act, an die Tempelweihe geknüpft.[2] — Die hasmonäischen Helden und ihre Kriegsgenossen legten aber nach diesen Errungenschaften die sieggekrönten Waffen nicht nie-

---

1) I Makk. 4, 41—54; II Makk. 10, 1—3.
2) I Makk. ebend. 52—59. Nach Jos. (ebend. XII, 7, 7) wurde das Chanukkafest das Fest der Lichter ($\tau\grave{\alpha}$ $\varphi\tilde{\omega}\tau\alpha$) genannt. Ewald (ebend. S. 357 Anm. 1) meint, diese Benennung des Festes weise auf dessen „weltlichen und daher dauerndsten Grund" zurück, es sei nämlich ursprünglich das Fest der Sonnenwende, „wo das erste Hervorkommen des neuen Lichtes des Jahres gefeiert wurde", gewesen, es habe nur „damals in Israel geschichtlich einen höheren Sinn" empfangen und sei in das Fest der Tempelweihe umgebildet worden. Der Ursprung des Chanukkafestes würde demnach ein heidnischer sein (das Fest der Sonnenwende wurde dem Zeus gefeiert, und Ewald glaubt, dass während der Verfolgungszeit die Juden gezwungen waren, dieses Fest mitzufeiern). Aber die Makkabäer und ihre Genossen, die gegen alles Heidnische eiferten und jede Spur vom Heidenthum in Judäa zu vernichten suchten, würden doch nicht die Festsetzung der Feier eines heidnischen Festes, selbst wenn es eine höhere Bedeutung und einen jüdischen Anstrich erhalten haben sollte, als Erinnerung an die Befreiung von den Heiden und dem heidnischen Wesen angeordnet haben. Das Chanukkafest wurde entschieden deshalb das Fest der Lichter genannt, weil an ihm Lichte angezündet werden, welches Ceremoniell, obwohl davon in den beiden Makkabäerbüchern nichts erwähnt wird, doch sehr alt sein muss, da die Schammaiten und Hilleliten bereits über die Art diskutiren, wie die Lichte angezündet werden müssen (Schabbath 21^b); die Frage kann nur sein nach der Ursache dieses Ceremoniells, wobei man aber entweder an das was Josephus selber als Grund zu dieser Benennung anführt, dass nämlich den Juden damals ein unerwartet grosses Licht aufgegangen war (vgl. auch Ester 8, 16: Den Juden ward Licht und Freude u. s. w.), oder, was wahrscheinlicher, an einen ausserordentlichen Act bei der Tempelweihe, der mit dem Anzünden der Lampen im Tempel in engem Zusammenhang stand (im II Makk. 10, 3 wird das Anzünden der Lampen von den Tempelreinigern besonders hervorgehoben) und welcher nicht mehr klar zu ermitteln ist, zu denken hat. Denn der Sage von dem wunderbaren, im Tempel aufgefundenen Oelkruge, welche die Borajtha (Schabbath a. a. O.) und das Scholion zu Meg. Ta'an. mittheilen, wird doch wohl auch etwas Historisches zu Grunde liegen. — Und woher weiss Ewald, dass das Chanukkafest später nur einen Tag gefeiert wurde? Aus der eben angeführten Borajtha geht hervor, dass das Chanukkafest zur Zeit der schammaitischen und der hillelschen Schule acht Tage lang gefeiert wurde, was auch während der ganzen talmudischen Zeit geschah und bis heute geschieht.

der; der Freiheitsdrang wurde bei ihnen immer mächtiger und brachte sie bald ans gewünschte Ziel. Die erneuerten Angriffe der Heiden, die Alles aufboten, den kühnen Flug des neuverjüngten Volkes zu hemmen, wurden wiederholt mit unverminderter Tapferkeit zurückgeschlagen und zuletzt das Land vom heidnischen Joche befreit. Diejenigen freudigen Ereignisse, welche vor andern wichtig und von weitgreifenden Folgen waren, wurden gleichfalls durch ein alljährliches Fest, die aber, welche minder bedeutend waren, später durch bestimmte auszuzeichnende Tage verewigt.[1]

Durch Simon, den ältesten der fünf Heldenbrüder, welchem es beschieden war, sein Volk von der syrischen Zwingherrschaft zu befreien (143), wurde Judäa auf einen Höhepunkt freier Entfaltung emporgebracht, auf dem es später dem grössten und mächtigsten Reiche der alten Welt zum Schrecken werden konnte. In dem Masse aber, wie das jüdische Volk an Macht und Wohlstand gewann, befestigte und klärte sich auch sein religiöses Bewusstsein, und aus diesem ging das Streben hervor, alle Feinde der mit dem Herzblute vertheidigten Religion und Nationalität im Lande unschädlich zu machen. Es gelang nicht allein, die Heidnischgesinnten, die durch ihr leichtsinniges Unternehmen und ihren Verrath am väterlichen Erbe so viele Leiden über ihr Volk gebracht, aus ihrem festen Sitze, der Burg in Jerusalem, zu vertreiben (um 141)[2] sondern auch den nebenbuhlerischen samaritanischen Tempel auf dem Berge Garizim, in welchem alle Gesetzesabtrünnigen Aufnahme fanden[3], sowie Samarien selbst zu zerstören (110).[4] Hierdurch wurde die Religion gegen Angriffe von Aussen gesichert. Im Innern fand sie an dem reorganisirten Synedrion, sowie an den streng frommen, vom Volke hochgeachteten Pharisäern eine Hauptstütze. Die unermüdliche Thätigkeit dieser Partei, der Trägerin des Judenthums in seiner überkommenen Gestalt, war darauf gerichtet, den öffentlichen Cultus und das ganze bürgerliche Leben nach den überlieferungsgemäss ausgelegten Gesetzen der heiligen Schrift und den traditinellen Erweiterungen zu regeln. Dies gelang ihr auch, obwohl sie dabei mit einer wenn auch kleinen, aber durch Reichthum und Einfluss mächtigen Partei zu kämpfen hatte, welche, alle Ueberlieferung verwerfend und sich an den Buchstaben der heiligen Schrift haltend, andere Normen für den Tempelcultus und für manche öffentliche Angelegenheiten aufstellte. Das ganze Volk dachte und handelte pharisäisch und die Sadducäer selber mussten, wenn sie zu öffentlichen Aemtern gelangten, ihre Handlungen nach phari-

---
1) Vgl. unten.
2) I Makk. 13, 49 – 51.
3) *Jos.* ebend. XI, 8, 7.
4) Ebend., XIII, 9, 1. 10, 3.

säischen Normen einrichten.¹ Nachdem nun durch die Vertreibung der Hellenisten, durch die Zerstörung des Garizimtempels und durch die Besiegung der Samaritaner die Hauptgegner des Judenthums und zugleich die gefährlichsten Feinde der Nation beseitigt worden waren, sowie durch das Gelingen der auf das gemeinsame Wohl gerichteten Bestrebungen der Pharisäer² der ganze Bau der Religion eine starke innere Befestigung erhalten hatte, wurden auch alle diese Ereignisse je nach ihrer Wichtigkeit und ihrer Tragweite durch sanctionirte Tage verewigt.³
Die neue Machtstellung des jüdischen Volkes sollte aber nicht von langer Dauer sein. Mit dem Hinscheiden der frommen Königin Salome Alexandra (70 v. Chr.) entschwand der gute Geist des hasmonäischen Hauses, und ein unheilvoller böser Geist trat an dessen Stelle, welcher es in Trümmer schlug, Judäa in schimpfliche Knechtschaft brachte und ihm schliesslich den Todesstoss versetzte. Der lange Bürgerkrieg, der in Folge der Thronstreitigkeiten zwischen den beiden Söhnen Alexandras ausbrach, zehrte die besten Kräfte des Landes auf, und brachte es zuletzt um die schwer errungene, mit vielem edlen Blute erkaufte Selbstständigkeit⁴; Judäa wurde eine Beute des gewaltigen, staatenzermalmenden Roms (63), und die mit verzehrender Wuth um sich fressende Flamme des Bruderkrieges erhielt dadurch nur noch mehr Nahrung. In Folge dieses zerrütteten jammervollen Zusandes kam, durch römische Waffen unterstützt, ein idumäischer, „gegen seinen hasmonäischen Herrn sich auflehnender Sklave"⁵ auf den Thron Judäa's (37), welcher das Land äusserlich zwar mit einem blendenden Schimmer umgeben aber im Innern gelähmt, entkräftet und in ein noch drückenderes Abhängigkeitsverhältniss zu Rom gebracht hat. Aber erst nach seinem Tode sah man allgemein den tiefen Abgrund, an welchen man durch seine knechtische Ergebenheit gegen die Römer gerathen war, und die schweren Fesseln, welche er um den Hals der Nation gelegt hatte, was bis dahin nur der Scharfblick der Pharisäer durchschaut hatte. Nach mancherlei von den Herodiern und Römern im ganzen Lande angerichteten blutigen Metzeleien und Verwüstungen⁶ wurde Judäa in eine römische Provinz verwandelt (7 v. Chr.), und ihm hiermit der letzte Schein der Selbstständigkeit genommen.⁷ Es sollte fortan von römischen Landpflegern regiert, oder richtiger bedrängt, geschändet, ausgesogen und entseelt werden.⁸

---

1) Vgl. *Jos.* ebend. XVIII, 1, 3 - 4.
2) Vgl. *Jos. bell.* II, 8, 14.
3) Vgl. unten.
4) Jos. ebend. XIV, 1—4; *bell.* 1, 6—7.
5) *Batra* 8ᵇ und *Seder Olam* gegen Ende. Vgl. *Jos. ant.* XIV, 4, 4.
6) *Jos.* ebend. XVII, 9—13.
7) Ebend. 13, 5.
8) Vgl. Salvador, *Histoire de la domin. rom. en Judée*, I p. 400 ff.

Unter diesen Drangsalen concentrirte sich und wuchs die innere Kraft des jüdischen Volkes um so gedeihlicher und fruchtbringender, und sein Geist, von allen Ketten sich loswindend, schwang sich zu einer Höhe empor, wo der römische Adler ihn nicht erreichen konnte. Gerade dieser Zeitraum ist es, der für das Judenthum so entscheidend wurde[1], und wo aus diesem ein gewaltiger, anfangs langsam, dann rasch vorwärts drängender Lebensstrom entsprang, der reinigend, klärend und erfrischend über die heidnische Welt sich ergoss. Wenn Cicero, dem der Judenhass von seinem Lehrer her, dem bekannten Alexandriner Apollonius Molo, eigen war, in der Vertheidigung des Prätors Flaccus von der Energie sprach, mit der dem „barbarischen Aberglauben" der Juden entgegenzutreten sei, und im stolzen Selbstbewusstsein des Römers verachtend darauf hinwies, wie wenig die Juden bei den „unsterblichen Göttern" beliebt seien, indem ihr Land von den Römern erobert und unterjocht worden:[2] so ahnte er nicht, dass von dem unterjochten jüdischen Lande aus jene unsterblichen Götter bald den Todesstoss erhalten und jener barbarische Aberglaube das ganze Römerthum vernichten würde.

Einen glänzenden Triumph feierte das Judenthum über das Heidenthum unter Cajus Caligula. Dieser wahnwitzige Kaiser, dessen Tyrannei das ganze römische Reich zittern machte und vor dem sich die Grossen im Staube wälzten, erklärte sich für einen Gott und forderte von seinen Unterthanen göttliche Verehrung. Die Heiden, selbst die gebildeten, fügten sich ohne jeglichen Widerstand in das Verlangen des Tyrannen, und nur die Juden im ganzen römischen Reiche versagten den Gehorsam. Darüber ergrimmt, befahl er, seine Bildsäule mit Gewalt im Tempel zu Jerusalem aufzustellen.[3] Aber uneingeschüchtert von der drohenden Gefahr und fest entschlossen, lieber zu sterben als die Entweihung des Heiligthums zuzulassen, bedeuteten die Juden den syrischen Statthalter, der den Befehl des Kaisers auszuführen hatte, dass die Ausführung ihm nicht gelingen werde, bis er sie alle vorerst durch den Tod beseitigt.[4] So mächtig war das religiöse Bewusstsein im ganzen Volke! Der Befehl wurde zuletzt aufgehoben (41), und das freudige Ereigniss durch einen Gedenktag verewigt.

Der innere Aufschwung und die äussere Ausbreitung, welche das Judenthum in der letzten Zeit gewonnen hatte[5], und sein tieferes Eindringen in das Herz des Volkes weckten in diesem die Er-

---
1) Es war damals die Blüthezeit der beiden grossen Schulen des Schammai und Hillel, deren Lehrsätze in den spätern jüdischen Schulen als feste Normen galten. Vgl. unten.
2) *Cicero pro Flacco* 28.
3) *Jos. ant.* XVIII, 8, 1; *Philo leg. ad Caj.* II, 597—99.
4) *Jos.* ebend. 2.
5) Vgl. ebend. XX, 2—4; *bell.* II, 18, 2. 20, 2; *c. Ap.* II, 10, und *Tacitus hist.* 5, 5.

innerungen an die ruhmreiche Vergangenheit, sowie die Hoffnungen
auf die von den Propheten verheissene glänzende Zukunft. So erklärt sich das kühne Wagniss, das römische Joch, dessen Druck sich mit jedem Tage fühlbarer machte und tief verletzend auch auf dem religiösen Leben lastete, abzuschütteln und einen Riesenkampf gegen die Willkürherrschaft zu unternehmen. Die hohe Begeisterung und opferwillige Hingebung für die Religion und die Freiheit führte es bei dem ersten Anprall des von einer halben Welt gefürchteten römischen Heeres zu glorreichen Siegen und zur Vertreibung der Römer vom jüdischen Gebiete (66 n. Chr.); auch dieses grosse Ereigniss wurde durch einen Gedenktag verewigt, obwohl zuletzt die Helden von Jotapata, Gamala und Jerusalem der Uebermacht des allgewaltigen römischen Heeres erlagen. — Mit der Zerstörung Jerusalems (70) und dem erbarmungslosen Hinschlachten von Hunderttausenden war der Muth des jüdischen Volkes immer noch nicht gänzlich gesunken. Zwei Mal raffte es sich mit erneuerter Kraft auf und warf das römische Joch ab, das eine Mal unter Trajan (118—19), das andere Mal unter Hadrian (132—35). Wie unglücklich auch der Ausgang dieser beiden Aufstände, besonders des letztern, war, dennoch knüpfen sich daran zwei freudige Ereignisse, welche durch Gedenktage verewigt worden sind: das den Juden nach dem Tode Trajan's gemachte Zugeständniss der Entfernung des blutdürstigen Feldherrn Quietus aus Judäa und des Wiederaufbau's des Tempels, und dann die nach dem Regierungsantritte des Antoninus Pius (138) erfolgte Aufhebung der Verfolgungsedikte.[1]

Diese Tage dankbarer Erinnerung an die grossen und glücklichen Errungenschaften von der Zeit des Xerxes bis auf Antoninus Pius sind es, welche den Inhalt des Siegeskalenders ausmachen. Weil aber die Juden nicht nur allein ihre Siege, sondern alle wichtigen, das materielle oder geistige Wohl der Nation betreffenden Ereignisse ihrem Gotte zuschrieben und sie als besondere Zeichen seiner Macht und Gnade betrachteten, sind in den Siegeskalender auch einige Gedenktage aufgenommen worden, die nicht an Siege, sondern an andere bedeutsame Ereignisse der Volksgeschichte erinnern.[2]

Alle diese Gedenktage wurden freudig begangen und bis ins dritte Jahrhundert n. Chr. streng beobachtet; es durfte an keinem derselben gefastet, an einigen auch keine öffentliche Trauer angestellt werden. Ihre Aufzählung im Kalender geschieht nicht nach chronologischer, sondern kalendarischer Ordnung, und zwar sehr kurz, in aramäischer Sprache, woran es sich dann eine hebräische Erklärung knüpft.

---

1) Vgl. Grätz IV, S. 181 f. und 199 f.
2) Vgl. den 20., 24., 27., 32. und 33. Gedenktag.

I.

Bei der näheren Betrachtung dieses so wichtigen, bis jetzt aber noch nicht einer Specialuntersuchung unterzogenen Chronikon [1] drängen sich vor allem folgende Fragen auf:

1) Sind die Gedenktage nach dem jedesmaligen glücklichen Ereignisse eingesetzt und fortan vom Volke allgemein gefeiert worden, oder ist ihre Einsetzung erst in der Zeit der Abfassung des Kalenders und mit dieser erfolgt?

2) Wurden die Gedenktage sämmtlich als Feste gefeiert, wie dieses bei den Purim- und Chanukkatagen der Fall war, oder bestand bei den meisten die Feier lediglich im Unterlassen des Fastens und der öffentlichen Trauer?

3) War der Beweggrund zu der Abfassung des Kalenders ein bloss nationaler, oder ein national-religiöser, oder gar ein revolutionärer?

4) Wann ist diese Abfassung geschehen, vor oder nach der Tempelzerstörung?

5) Wie und wann ist die dem aramäischen Grundtexte angeschlossene hebräische Erklärung entstanden? ist sie aus historischen Quellenschriften geschöpft, oder sind darin nur mündliche Ueberlieferungen, ähnlich der geschichtlichen Aggada im Talmud, enthalten, die zu einer bestimmten Zeit von einer Schule oder von einem Einzigen gesammelt und niedergeschrieben wurden?

I. Es herrscht allgemein die Ansicht, dass sämmtliche im Siegeskalender aufgezeichnete Tage jedesmal gleich nach den betreffenden Ereignissen zu Gedenktagen erhoben und fortan gefeiert und dann später zusammengestellt worden seien, wie sie „seit der ältesten Zeit" im Volke lebten.[2] Dieser Ansicht tritt aber sofort die Schwierigkeit entgegen, dass in den beiden Makkabäerbüchern, wo die Einsetzung des Chanukkafestes, des Nikanortages und der jährlichen Erinnernugsfeier der Eroberung der Akra erzählt wird, nichts von den Ge-

---

[1] Johannes Meyer hat den Kalender 1724 mit lateinischer Uebersetzung herausgegeben. Die gelehrten Noten beschränken sich zum grössten Theil auf die Erklärung der oft dunkeln und verworrenen Stellen im Scholion, welches bei ihm mit dem eigentlichen aramäischen Texte zusammengeworfen ist, und auf die Vergleichung desselben mit Parallelstellen im Talmud, und befassen sich nur ausnahmsweise und auch dann nur kurz mit historischer Kritik der Motive der einzelnen Gedenktage. In neuerer Zeit haben Rapoport, Frankel, Herzfeld einzelne Gedenktage besprochen; zuerst Grätz hat im III. Band seiner Geschichte (Note 1 und 26) den Kalender in seinem ganzen Umfange kritisch zu prüfen versucht

[2] Vgl. besonders Herzfeld I, S. 266, II, 2 S. 127; Grätz III, S. 16, 57, 81, 134, 144, 150, 160, 389 und die beiden Noten 1 und 26.

denktagen erwähnt ist, welche an glückliche Ereignisse eben dieser Makkabäerzeit erinnern. Die Entfernung der Bildsäulen aus dem Tempel (der 20. Gedenktag), der Abzug des Antiochos Eupator von Jerusalem (der 27. Gedenktag)[1], die Einnahme der Festung Betsur (der 7. Gedenktag), die Vertilgung der Hellenisten (der 15. Gedenktag) und das Aufhören der Krongelder (der 6. Gedenktag) gehören sicher in die Zeit des Juda Makkabi und seines Bruders Simon, und wahrscheinlich gehören auch noch andere Gedenktage dieser Zeit an[1]; so wäre es doch unbegreiflich, dass, wenn alle diese Tage schon damals zu Gedenktagen erhoben worden wären, die beiden Makkabäerbücher nicht die geringste Andeutung davon enthielten.

Zweitens entsteht bei jener Ansicht die Frage: wer war es denn eigentlich, der die Gedenktage eingesetzt hat? Die in den Makkabäerbüchern erwähnten wurden von den Hasmonäern und ihren Genossen angeordnet, von wem aber alle die andern? Das Volk könnte nun zwar aus eigenem innern Drange die Jahrestage der grossen Siege und der besonders wichtigen Errungenschaften begangen haben; aber dass an diesen Gedenktagen nicht gefastet und nicht öffentlich getrauert werden dürfe, das sind Bestimmungen, welche nur von einem Synedrion oder einem Schulcollegium ausgegangen sein können. Und so wäre es nun gleichfalls unbegreiflich, dass in den beiden Talmuden hierüber nichts mitgetheilt, sondern lediglich die Abfassung des Kalenders durch die hillelsche und die schammaitische Schule[2] berichtet wird, und dass Josephus ausser den von den Hasmonäern eingesetzten von allen übrigen Gedenktagen bis auf seine Zeit auch nicht einen einzigen erwähnt. Die antisadducäischen Gedenktage, wenigstens die meisten, könnten bei jener Ansicht in keiner andern Zeit angeordnet worden sein, als unter der pharisäisch-gesinnten Königin Salome Alexandra, und zwar nur durch Simon b. Schetach und Juda b. Tabbai und das von ihnen reorganisirte Synedrion[3], aber wenn es sich so verhielte, so wäre es, wenn irgendwo, gerade in diesem Falle fast unerklärlich, dass im Talmud, wo sich so viele Nachrichten über die Thätigkeit dieser beiden Synedrialhäupter und über deren gesetzliche Verordnungen erhalten haben, der wichtigen Anordnung der jährlichen Feier zur Erinnerung an die Beseitigung der sadducäischen Normen im Cultus und im Gerichtswesen keine Erwähnung gethan sein sollte.

Drittens, wenn die Gedenktage sämmtlich seit der ältesten Zeit und zwar in der Weise wie im Kalender angegeben wird, gefeiert worden wären, so hätten die hillelsche und die schammaitische Schule mit der Abfassung des Kalenders nichts Neues geschaffen, sie hätten die ohnehin bekannten und volksthümlich gewordenen

---

1) Vgl. den zweiten Theil.
2) Vgl. unten.
3) Vgl. Grätz III, S. 143–50.

Gedenktage lediglich zusammengesellt und geordnet, während doch von der Abfassung des Kalenders wie von einem grossen und wichtigen Acte gesprochen wird, bei dem sich die hervorragendsten Männer jener Zeit betheiligten; ja es wird noch ein besonderer Grund angeführt, der diese dazu bewogen haben soll[1], was deutlich dafür spricht, dass die Verfasser des Kalenders die Gedenktage nicht bloss verzeichnet, sondern entweder die meisten selbst eingesetzt oder gesetzliche Bestimmungen, die bis dahin nicht vorhanden waren, für dieselben getroffen und ihnen einen neuen und fester ausgeprägten Charakter gegeben haben.

So waren es also aller Wahrscheinlichkeit nach die Hilleliten und Schammaiten, welche die meisten Gedenktage erst einsetzten, während bis dahin nur einige vom Volke alljährlich festlich begangen worden waren; durch die gesetzliche Bestimmung aber, dass an ihnen nicht gefastet und getrauert werden dürfe, erhielten sie erst ihre eigentliche religiöse Weihe. Diese Tage, welche schon lange vor der Abfassung des Kalenders festlich gefeiert wurden, sind die zwei Purimtage, die acht Chanukkatage, der Einweihungstag der Mauern Jerusalems, der Nikanortag, der Garizimtag, der Todestag des Königs Jannai, der Tag des Holzopfers, die beiden Bettage um Regen und der Todestag des Herodes. Während bei den andern Gedenktagen jedesmal das Ereigniss als ein nicht Allen bekanntes erst mitgetheilt und damit der Grund angegeben wird, weshalb der betreffende Tag fortan als Gedenktag gefeiert werden soll, wird bei diesen neun im Kalender ohne nähere Motivirung wie auf bekannte, durch die jährlich wiederkehrende Feier volksthümlich gewordene hingewiesen. Die Bestimmung vom Unterlassen des Fastens und der öffentlichen Trauer wird hier an den „Tag", der als bekannt hingestellt wird, angeknüpft. So heisst es z. B.: „Der 14. und 15. dieses (Monats Adar) sind die Purimtage, weshalb an ihnen nicht getrauert werden darf"; „Mit dem 25. dieses (Monats Kislew) beginnen die acht Chanukkatage, an welchen allen daher nicht getrauert werden darf"; „Der 13. dieses (Monats Adar) ist der Nikanortag" (an welchem daher nicht gefastet werden darf), und so bei den sechs übrigen. Bei allen andern Gedenktagen dagegen, wird die gesetzliche Bestimmung an das als Veranlassung zu deren Einsetzung angegebene Ereigniss nachträglich angeschlossen. So z. B. gleich am Anfang: „Von dem ersten Nisan bis zum achten ist das tägliche Opfer wiederhergestellt worden, es darf daher an diesen Tagen nicht getrauert werden"; „Am 27. dieses (Monats Ijar) hörte die Kronsteuer in Judäa und Jerusalem auf" (es darf daher an diesem Tage

---

[1] Vgl. unten.

nicht gefastet werden). In dieser Weise werden alle übrigen eingeführt, bis auf einen einzigen, nämlich den Trajanstag, der aber in die Zeit nach der Tempelzerstörung fällt und erst lange nach der Abfassung des Kalenders als ein vom Volke unter diesem Namen festlich begangener zu den ältern Gedenktagen hinzugefügt worden ist.¹ Dieses kann als Bestätigung davon gelten, dass die neun Gedenktage schon vor Entstehung des Kalenders mit grösserer oder geringerer Festlichkeit vom Volke gefeiert wurden, und dass sie durch den Kalender nur ihre religiöse Sanction erhalten haben, dass aber alle andern erst von den Hilleliten und Schammaiten angeordnet worden sind, und zwar sollten sie nicht mit besonderer Festlichkeit begangen werden, sondern ihre Feier sollte lediglich darin bestehen, dass weder gefastet noch öffentlich getrauert würde.² Von vier der neun Gedenktage, nämlich den zwei Purimtagen, den acht Chanukkatagen, dem Nikanortage und dem Tage des Holzopfers, wissen wir sicher, dass sie seit der ältesten Zeit festlich begangen wurden³, über die übrigen fünf hat sich ausser der Angabe im Kalender keine weitere Nachricht erhalten.⁴ Nur ein einziger

---

1) Vgl. unten.
2) Herzfeld (II, 2, S. 127) scheint auch der Meinung zu sein, dass die Gedenktage seit der ältesten Zeit als Volksfeste, ähnlich dem Holzfeste, gefeiert worden seien; die Widersprüche, in die man dadurch verwickelt wird, führen ihn zu sonderbaren Bemerkungen, man vgl. seine Bemerk. zu dem neunten Gedenktag (25. Siwan). Dass die sämmtlichen Gedenktage bis auf neun nicht seit der ältesten Zeit gefeiert wurden, ist eben nachgewiesen; dass aber die hillelsche und die schammaitische Schule für diese Tage lediglich das Unterlassen des Fastens und der öffentlichen Trauer angeordnet haben, geht deutlich aus dem Kalender selbst hervor und ergibt sich aus zwingenden Gründen. Die antisadducäischen Gedenktage können doch unmöglich als Volksfeste gefeiert worden sein; denn anzunehmen, dass die Beseitigung sadducäischer Grundsätze acht Tage oder gar drei Wochen lang (1. und 2. Gedenktag), wenn auch in viel geringerem Masse als das Purim- oder das Holzfest, vom Volke gefeiert worden sei, wäre doch zu phantastisch.
3) Ueber den Nikanortag vgl. 1 Makk. 7, 28—29; II Makk. 15, 36, und über den Tag des Holzopfers Ta'anith 26ᵇ. Bei dem letztern wird im Kalender nicht wie bei den übrigen dieser Kategorie auf den bewussten „Tag" (יום), sondern, was aber dasselbe ist, auf die bewusste „Zeit" (זמן) des Holzopfers (אעץ) hingewiesen; er wurde unter dem Namen „priesterliche Holzzeit" gefeiert und war auch so bekannt.
4) Dieses ist nicht auffallend, denn diese fünf Gedenktage feierte das Volk von selbst, sie gingen nicht von einem Synedrion aus, weshalb auch Josephus bei der Erzählung von der Zerstörung des Garizimtempels und von dem Tode des Jannai und des Herodes die Feier der Jahrestage dieser Ereignisse nicht erwähnt. Auch war ihre Feier nicht so hervorstechend wie die der vier übrigen, und es waren wohl auch nicht Alle an ihr betheiligt — an dem Todestage des Herodes und des Jannai gewiss nicht —, weshalb sich auch im Talmud keine Erinnerung davon erhalten hat. Dagegen wurde die Feier am Tage des Holzopfers, von der im Talmud erzählt wird, in ganz ausserordentlicher Weise, mit Gesang und Tanz, begangen, so dass die Spätern (gegen Ende des ersten Jahrhunderts nach der Tempelzerstörung) sagen konnten, es habe keine solche zwei

Gedenktag, der Eroberungstag der Akra, dessen Feier, wie das erste
Makkabäerbuch bezeugt, unter Simon angeordnet wurde, wird im
Kalender nicht wie diese neun als ein bekannter angeführt; man
wird demzufolge anzunehmen haben, dass die Feier dieses Gedenktages nur in den ersten Jahren der heftigsten Erbitterung gegen
die Hellenisten beobachtet, später aber vom Volke vernachlässigt
wurde, und zwar deshalb, weil der Sieg, um dessentwillen der Gedenktag eingesetzt wurde, nicht über einen fremden, sondern über
einen innern Feind erfochten war; die Festesfreude musste schon
durch die Erinnerung getrübt werden, dass so Viele an ihrem Volke
und der väterlichen Religion Verrath geübt hatten. Nichtsdesto-
weniger aber hat nachher die strenge pharisäische Schule diesen
Gedenktag, sowie den Tag, an welchem die Hellenisten vertilgt worden waren, in den Siegeskalender aufgenommen.

Durch diese Ansicht über die Entstehung der Gedenktage
werden die Schwierigkeiten beseitigt werden, welche einige Gedenktage den Erklärern bereitet haben. „Der achte und neunte Adar
— heisst es am Anfang des zwölften Capitels — sind die (öffentlichen) Bettage um Regen." Grätz [1] kann sich über diesen Gedenktag nicht genug verwundern; er sei, meint er. „der auffallendste von
allen, da bei demselben nicht angegeben wird, dass das Gebet erhört
worden sei." Er setzt deshalb diesen Gedenktag mit dem weiter in
demselben Capitel erwähnten des zwanzigsten Adar in Zusammenhang; „am zwanzigsten Adar — heisst es da — fiel Regen nach
sehr langem Warten." Man hätte, sagt nun Grätz, an dem achten
und neunten Adar die übliche Procession um Regen angestellt, und
als dann am zwanzigsten der Regen gefallen, „erinnerte man sich,
dass jenes Gebet doch nicht vergeblich gewesen war, und setzte die
Tage der Busse ebenfalls zu Halbfeiertagen ein." In dem Texte der
Geschichte [2] erzählt er dieses wie eine ausgemachte Sache. Aber abgesehen davon, dass es selbst bei äusserst wichtigen Ereignissen
etwas Unerhörtes wäre, nach Erfüllung des Gebetes die Busstage
selbst in Feiertage zu verwandeln [3], ist diese Erklärung auch an sich
falsch. Es war nämlich Pflicht, wenn nach den drei ersten, vom
Gerichtshofe wegen Regenmangel eingesetzten Busstagen kein Regen gefallen war, sieben andere Tage zu bestimmen, an welchen
die übliche Procession unter Trompetenschall gehalten wurde.[4] In
diesem Falle also, wo der Regen erst am zwanzigsten Adar fiel,

---

Freudentage gegeben, wie der Versöhnungstag und der Tag des Holzopfers
waren (Ta'an 26b).
1) Ebend. Note I, 25.
2) Ebend. S. 160.
3) Die Busstage der Ester vor Purim wurden zur Erinnerung beibehalten, aber nicht in Feiertage umgewandelt (Ester 9, 31).
4) Mischna Ta'an. 12b; vergl. noch dazu die Gem. 13b.

hätte man bei der Procession am achten und neunten Adar nicht stehen bleiben können, sondern hätte sie bis zum zwanzigsten noch an drei Tagen wiederholen müssen. Angenommen daher, das Eintreffen des Regens nach lange anhaltender Dürre wäre damals dem Volke als ein dermassen glückliches Ereigniss erschienen, dass man deshalb selbst die Busstage zu Feiertagen erhoben hätte, so wären doch nicht zwei, sondern fünf Gedenktage einzusetzen gewesen, da die Procession an fünf Busstagen angestellt worden wäre. Ausserdem wurde der Bittgang um Regen nie an zwei Tagen hintereinander, sondern immer nur an den Montagen und Donnerstagen vorgenommen.[1]

Die wahre Erklärung dieses Gedenktages ist die, dass er lange vor der Abfassung des Kalenders unter dem Namen „Bettag um Regen"[2] vom Volke gefeiert wurde, weshalb ihm, wie dem Nikanor- und Garizimtag, den Purim- und Chanukkatagen, keine weitere Motivirung gegeben wird; diese Tage lebten unter diesen Namen im Volke und die an sie sich knüpfenden Ereignisse waren allen bekannt. Dass aber der Tag, an dem die Procession angestellt worden und an dem auch der Regen gefallen war, sich als Gedenktag unter dem Namen „Bettag um Regen" und nicht unter einem andern, die Erfüllung des Gebetes bezeichnenden Namen erhalten hat, ist daraus zu erklären, dass keine bessere Bezeichnung in zwei oder drei Worten zu finden war, um auf das freudige Ereigniss hinzudeuten.[3] Dieser Tag hiess ja auch wirklich ursprünglich „Bettag um Regen", er erhielt diesen Namen gleich bei seiner Einsetzung als Busstag, und beibehalten, gemahnte dieser Name daran, dass der Regen lange erwartet, ersehnt und erbetet worden war. Da nun aber nicht ein Tag, sondern zwei solche Tage hintereinander gefeiert wurden, so liegt die Frage auf der Hand: wenn schon nach dem Gebete am erstem Tage der Regen gefallen war, wozu war es denn nöthig noch am folgenden Tage ein Gebet mit Procession anzustellen? Dies ist es auch, woran sich das Scholion hier stösst. Denn dieses fragt nicht, wie Grätz es erklärt, „wie man zwei Tage nach einander öffentliches Gebet um Regen anstellen durfte"[4], sondern, in der richtigen Voraussetzung, dass dieser Gedenktag nicht dem um Regen angestelltem Gebete, vielmehr der Erfüllung desselben gilt, wozu war es nöthig das Gebet am neunten zu wiederholen, wenn es bereits am achten erhört

---

1) Nach der Mischna a. a. O. und 10 .
2) יום תרועת מטרא.
3) Oder hätte man ihn „Regentag" (יום מטרא), „Tag des Regenfalls" (יום נחיתת מטרא) nennen sollen?
4) למה bedeutet nicht „wie ist es erlaubt", sondern, aus der Präposition ל und dem Fragepronomen מה zusammengesetzt: „zu was", wozu, zu welchem Zwecke, aus welchem Grunde.

worden war. Die einzig richtige Antwort hierauf ist, dass hier zwei
Ereignisse gleicher Art in zwei verschiedenen Jahren vorliegen;
der eine Tag mag lange vor dem andern gefeiert worden sein, und
nur durch Zufall sind sie beide so nahe zusammengetroffen.¹
Eine noch grössere Schwierigkeit bietet der 21. und 25. Gedenktag. „Am siebenten dieses (Monats Kislew) — heisst es im
neunten Capitel — ist Feiertag".² Nach dem Scholion war dies
der Todestag des Herodes. Anfang des elften Capitels heisst es
wieder: „Am zweiten Schebât ist Feiertag², an welchem daher nicht
getrauert werden darf." Das Scholion fragt hier: „Weshalb haben
sie zwischen diesem und jenem einen Unterschied gemacht? An
dem ersten starb Herodes und an diesem starb der König Jannai;
denn es ist eine Freude vor Gott, wenn die Frevler aus der Welt
scheiden.³ Es ist überliefert⁴, Jannai, als er sterben sollte, habe
siebzig von den Aeltesten Israels gefangen nehmen und einsperren
lassen und den Befehl ertheilt, sie nach seinem Tode hinzurichten,
damit den Juden die Freude über seinen Tod durch den Schmerz
über den Tod ihrer Lehrer getrübt würde, u. s. w."⁵ Meyer, dem
wie allen jüdischen Erklärern⁶ die Frage des Scholions unverständ-
lich war, wurde in Folge dessen zu einer sonderbaren Erklärung
verleitet. Es heisse nicht, meint er, am zweiten Schebât, sondern
zwei Mal im Schebât (am ersten des Schebât) ist Feiertag,
d. h. an diesem Tage ist eine doppelte Feier.⁷ Das Scholion frage
nun, weshalb dieser Gedenktag gerade eine doppelte Feier habe, und
gebe darauf die Antwort: am ersten (Schebât) starb Herodes und
an demselben Tage starb auch Jannai.⁸ Da aber bereits im
neunten Capitel der siebente Kislew als der Todestag des Herodes
angegeben ist, so sieht sich Meyer zu der Annahme genöthigt, dass
der eine Gedenktag, und zwar der siebente Kieslew, Herodes dem
Grossen, der andere aber einem zweiten Herodes gelte, ohne weiter
zu sagen, welchen Herodier er meine. Diese Erklärung widerlegt
sprachlich sich selbst⁹ und überdies wissen die jüdischen Quellen

---

1) Vgl. das Scholion.
2) Richtiger „Festtag", denn das bedeutet יום טוב im engern Sinne.
3) ולמה שינו זה מזה אלא בראשון מת הורדוס ובזה מת ינאי המלך מפני
ששמחה וגו׳.
4) אמרו.
5) Vgl. das Scholion.
6) Vgl. *Jabez* zu der betreffenden Stelle im Scholion.
7) *Bis (primo) mensis Schebat est dies festus.*
8) *Quid causae est, quod hic mensis magis quam alius mutatus, ut hic uni diei annumerentur duo festa? Quia primo die Schebat mortuus est Herodes et eodem die quoque mortuus est rex Jannai.*
9) Vgl. Meyer's Note. Er stützt sich bei seiner Erklärung noch darauf, dass im Texte eine Cardinalzahl (בשנים בשבט) steht, wo man doch, wie er glaubt, die Ordinalzahl (בשני) erwarten sollte. Im Hebräischen wird aber in solchen Fällen fast immer die Cardinalzahl gebraucht, vgl. besonders Ezech. 45, 20:

von Herodes Antipas und von Agrippa's Bruder Herodes II. weder Gutes noch Böses zu erzählen, und einer von ihnen müsste sich doch gegen das Volk oder gegen die Pharisäer sehr stark vergangen haben, wenn sein Todestag zum Gedenktag erhoben worden wäre. Grätz findet es bei diesen beiden Gedenktagen auffallend, dass die Veranlassung der Feier nicht angegeben wird, und meint, darauf gehe die vom Scholion aufgeworfene Frage.[1] Weil aber die Antwort des Scholious nicht zu dieser Frage passt, so glaubt er die „sinnlosen" Worte emendiren zu müssen und setzt eine noch sinnlosere Lesart an ihre Stelle, indem er die Antwort in die Frage hereinnimmt, so dass diese lautet: Weshalb haben sie zwischen den einen und den andern (Gedenktagen) einen Unterschied gemacht, bei dem ersten an welchem Herodes und bei dem andern an welchem König Jannai starb?[2] Als Antwort nimmt Grätz dann wohl die Worte, womit die Feier hier und in Cap. 9 im Allgemeinen motivirt wird: „es ist eine Freude vor Gott" u. s. w. Aber das ist keine passende Antwort auf jene Frage, weshalb er bemerkt, das Scholion gebe keine „befriedigende Lösung".

Aber das Scholion ist hier ohne alle Emendation klar und verständlich. Diese beiden Gedenktage wurden schon vor der Abfassung des Kalenders als „*jom tob*" gefeiert, die an ihnen geschehenen Dinge waren allgemein bekannt, und wie bei allen übrigen Gedenktagen dieser Kategorie wird auf sie nur hingedeutet und daran die Bestimmung vom Unterlassen des Fastens und der Trauer geknüpft. Das Scholion, dessen Urheber durch die Tradition wusste,[3] dass diese beiden Gedenktage die Todestage zweier jüdischer Tyrannen sind, und zwar die des Herodes und des Alexander Jannai, fragt, weshalb die Verfasser des Kalenders dem einen, dem zweiten Schebât nämlich, eine grössere Wichtigkeit beigelegt haben als dem andern, dem siebenten Kislew, indem sie an jenem auch das öffentliche Trauern

---

בשבעה בחדש; sonst wird gewöhnlich der Monat mit der Tageszahl durch ל verbunden: בשנים להדש, באחת u. s. w. Vgl. den Text des Kalenders, wo an vielen Stellen die Ordinalzahl gebraucht wird. In der correcteren Mantuar Ausgabe heisst es hier übrigens בתרי"ן anstatt בשנים.

1) Die es aber gleich im neunten Capitel hätte aufwerfen sollen.
2) "למה שינו זה מזה בראשון שמת הורדוס יבזה שמת ינאי המלך";
Wenn der Satz den Sinn haben sollte, den Grätz darin finden will, und wenn seine Construction auch eine gut hebräische sein sollte, so müsste er wiederum emendirt werden in: ילמה שינו זה מזח הראשון (את הראשון) שמת בי הורדיס והשני (ואת חשני), dann könnte man den zweiten Theil als Apposition nehmen, oder richtiger in: ילמה שינו בהראשון שמת בי הורדוס ובהשני שמת בו ינאי המלך.
3) Vgl. unten.

und an diesem nur das Fasten verboten.¹ Es antwortet darauf: weil an dem ersten, dem siebenten Kieslew, Herodes, an diesem aber, dem zweiten Schebât, Jannai starb, d. h. Jannai war ein grösserer Tyrann und den Weisen feindlicher gesinnt² als Herodes; der Scholiast wenigstens war dieses Glaubens. Er bringt daher gleich darauf die Erzählung von dem empörenden Befehl des Jannai, siebzig Gesetzeslehrer einzukerkern und sie nach seinem Tode hinrichten zu lassen, um dem Volke die Freude über seinen Tod zu benehmen. An dieser Thatsache zeigt sich einerseits die tyrannische Wuth Jannai's gegen die Gesetzeslehrer, andererseits auch die Erbitterung des Volkes gegen Jannai, und so kann man sich darüber nicht verwundern, dass sein Todestag als Fest eine noch stärkere Auszeichnung erhalten hat als das des Herodes. Dass hier aber beim Scholiasten, vielleicht durch Schuld eines spätern Copisten³, eine Verwechselung stattgefunden hat⁴, dass es Herodes war, der diesen Blutbefehl erlassen⁵ und dass in der That auch Herodes im Schebât starb⁶, thut hier nichts zur Sache; der Scholiast wusste nur soviel, dass diese beiden „Festtage" die Todestage des Jannai und des Herodes seien, und da er der irrthümlichen Ansicht war, dass Jannai's Tyrannei grösser als die des Herodes gewesen, so setzte er beim siebenten Kislew Herodes' und beim zweiten Schebât, dem wichtigern, Jannai's Tod an. Der beste Beweis, dass das Scholion nach der Ursache der beim zweiten Gedenktag noch hinzukommenden Bestimmung vom Unterlassen der öffentlichen Trauer fragt, ist, dass es unmittelbar nach der Erzählung von Jannai's Mordbefehl auf die Mischna verweist, nach welcher diejenigen Gedentage, bei welchen die Bestimmung vom Unterlassen der Trauer hinzukommt, sich von den übrigen noch darin unterscheiden, dass sie wegen ihrer Wichtigkeit auch den vorhergehenden Tag in den Kreis der Feier hereinziehen.⁷ Das Scholion hätte diese Mischna, wenn nicht hier in Capitel 11 eine besondere Veranlassung dazu wäre, gleich im ersten Capitel beibringen können und sollen.

Der Grund aber, weshalb diese beiden Gedenktage ursprünglich ohne nähere Bezeichnung unter dem allgemeinen Namen „Festtag" (*jom tob*) gefeiert wurden, ist leicht erklärlich. Sie mit dem Namen „Jannaitag" und „Herodestag"⁸ zu bezeichnen, wäre zu aufreizend gewesen; das erstere unterliess man vielleicht mehr aus

---

1) Vgl. Grätz ebend. S. 464 f.
2) Vgl. Cap. 9 das Scholion.
3) Vgl. unten.
4) Vgl. Grätz ebend. S. 475 die Veranlassung zu dieser Verwechselung.
5) *Jos. ant.* XVII, 8, 2; *bell.* I, 33, 6.
6) Vgl. Grätz a. a. O.
7) Mischna *Ta'an.* 15ᵇ.
8) יום ינאי, יום הירדוס.

Rücksicht auf die Gemahlin des Jannai, die fromme Königin Salome Alexandra, als aus Furcht vor deren Söhnen; bei dem letztern aber war es gewiss die Furcht vor dem seine Regierung mit Blut einweihenden Archelaus[1] und den Herodianern, nicht minder auch die Furcht vor den Römern, welche die den Hass des Volkes gegen den Tyrannen so offen kundgebende Bezeichnung des Freudengedenktages als „Herodestag" verhinderte. —

II. Nachdem nun nachgewiesen, dass die Verfasser des Kalenders die Gedenktage nicht bloss gesammelt, sondern die meisten selbst eingesetzt, sowie den bis dahin vom Volke festlich gefeierten einen bestimmtern Charakter verliehen haben, fragen wir nach der Zeit wo dieses geschehen, und nach der Ursache, die es herbeigeführt hat. Dieser bedeutsame Act setzt ein politisches Erwachen des nationalen Bewusstseins, eine gewisse durch die innern Verhältnisse eigenthümlich gefärbte Zeitstimmung voraus, eine nationale Bewegung, bei der Viele den Blick in die an Ruhm und an Thaten göttlicher Hülfe so reiche Vergangenheit richteten. Einen Anhaltspunkt für unsere Untersuchung finden wir im Talmud. Es wird hier[2] bei Gelegenheit der Mittheilung der Mischna von einer Synode der Hilleliten und Schammaiten, in welcher über gewisse achtzehn Bestimmungen verhandelt wurde und welche im Söller des Chananja ben Chiskia ben Garon stattfand, erzählt, dass dieser Chananja und seine Genossen den Siegeskalender verfasst haben. Die Borajtha gibt auch einen Grund zu dieser Abfassung an, der aber nicht ganz deutlich ausgedrückt ist und an dem deshalb die Erklärer irre geworden sind. Eine spätere Nachricht in den Halochot-Gedolot[3] fügt noch hinzu, dass die „Aeltesten" der Schule Schammai's und der Schule Hillel's es waren, welche im Söller des Chananja den Siegeskalender verfasst haben. Im Scholion wird anstatt Chananja's dessen Sohn Eleasar genannt. Sollte es nun gelingen, die Zeit zu bestimmen, in welcher jene auch sonst erwähnte denkwürdige Synode stattfand, und wann Chananja ben Chiskia lebte, so werden wir dann auch ungefähr die Abfassungszeit des Siegeskalenders wissen. Zunz[4] setzt ihn in den Anfang des zweiten Jahrhunderts, begründet dies aber durch keinen weitern Beweis und scheint dazu nur durch den Umstand veranlasst worden zu sein, dass die Mischna-Autoritäten, die den Kalender zuerst erwähnen, um diese Zeit lebten.[5] Herzfeld[6] schliesst sich in der Zeitbestimmung an Zunz an,

---
1) Vgl. *Jos. ant.* XVII, 9, 2—3.
2) *Schabbath* 13b und *jer. Schabb.* I, 4.
3) *Hilchot Soferim p. 101 ed. Wien*: זקני בית שמאי וזקני בית הלל ... כתבו מגלת תענית בעליית חנניה בן חזקיה.
4) Gottesdienstliche Vorträge d. Juden S. 128.
5) Vgl. seine Anm. a.
6) I, S. 266.

geht aber dabei von der Synode aus und bemerkt kurz, die Abfassung des Kalenders falle demzufolge in die Blüthezeit der schammaitischen und hillelschen Schule, also in den Anfang des zweiten Jahrhunderts. Diese Bemerkung widerlegt sich selbst. Denn wollte man auch zugeben, dass die im Talmud ohne Nennung der einzelnen Autoritäten vorkommenden Streitigkeiten der „Schule Schammai's" mit der „Schule Hillel's"[1] noch in Jabneh (Jamnia) unter dem Patriarchat des R. Gamaliel (ungefähr 80—118 n. Chr.) fortdauerten, wie Grätz annimmt[2]; wogegen sich gleichwohl viel einwenden lässt, so ist doch unbestreitbar, dass die Blüthe der zwei Schulen, welcher jene Synode angehören muss, in die Lebzeiten der Schulhäupter und des unmittelbar auf sie folgenden Geschlechtes fällt.[3] Aber abgesehen davon fragt sich's, ob denn überhaupt die Synode erst nach der Tempelzerstörung und sogar erst im Anfange des zweiten Jahrhunderts stattgefunden haben könne.

1) Diese Synode war eine sehr stürmische und hatte, wie Grätz richtig bemerkt, einen revolutionären Charakter; mit blitzenden Schwertern suchten hier die Schammaiten ihre Meinung durchzusetzen, und einige Hilleliten fanden dabei ihren Tod; die Gegenstände, welche zur Verhandlung kamen, waren meistentheils Absonderungsmassregeln, heidenfeindliche Bestimmungen.[4] Nimmt man nun an, dass die Synode um den Anfang des zweiten Jahrhunderts in Jamnia stattgefunden habe, so lässt sich nicht einsehen, was die Schammaiten zu so strengen Bestimmungen und zu einer solchen Aufregung getrieben haben könnte. In einer Zeit, wo die Juden bereits ihres Vaterlandes, ihrer Selbstständigkeit verlustig gegangen und überallhin unter die Heiden versprengt waren, wo ganz Judäa vom römischen Imperator als ein Privatbesitzthum in Beschlag genommen war, dessen Ländereien von ihm nach Belieben verkauft und verschenkt wurden, waren solche strenge Absonderungsmassregeln gegen Heiden unausführbar. Wie sollten die Juden jede Gemeinschaft mit Heiden in einer Zeit vermeiden, wo sie unter diesen Zuflucht suchten, selbst in Judäa ihnen untergeordnet waren und mit ihnen täglich in unmittelbare Berührung kommen mussten. Jene antiheidnischen Bestimmungen setzen ganz andere Verhältnisse voraus, als die, unter welchen die Juden nach der Tempelzerstörung lebten.[5]

---

1) בית שמאי ובית הלל
2) IV S. 30 ff. und Note 4.
3) Vgl. über die Anzahl und Grösse der unmittelbaren Schüler Hillels *Batra* 134b und *jer. Nedarim* 5, 7; vgl. auch Grätz III S. 247 ff.
4) Vgl. über Alles Grätz ebend. Note 26.
5) Die Hilleliten machten bei der Weigerung, den vorgeschlagenen Bestimmungen der Schammaiten ihre Zustimmung zu geben, darauf aufmerksam,

2) Die zwei grössten Autoritäten der jamnensischen Schule unter R. Gamaliel's Patriarchat, R. E.ieser, der Schwager des Patriarchen, und sein College R. Josua[1], sprechen von der Synode wie von etwas, woran sie keinen Antheil genommen haben und was lange vor ihnen geschehen ist: „An jenem Tag – sagt R. Josua – haben sie (die Schammaiten) das Mass der Lehre (durch Hinzuthun) abgestrichen."[2] Ebenso drückt sich R. Elieser aus, der als Anhänger der schammaitischen Schule diese in Schutz nimmt. Wenn die Synode unter R. Gamaliel's Patriarchat stattgefunden hätte, so müssten diese beiden ersten Mitglieder des Collegiums den lebhaftesten Antheil daran genommen haben.

3) Zu den achtzehn Bestimmungen gehört auch das Verbot des heidnischen Oels[3], und nach Josephus[4] enthielten sich die Juden desselben schon vor der Zerstörung des Tempels.

4) Eine in zwei Quellen sich wiederholende Nachricht, welche Grätz ignorirt[5], setzt die Synode in die Zeit, wo Hillel und Schammai noch lebten.

5) Wenn der Siegeskalender am Anfang des zweiten Jahrhunderts verfasst worden wäre, so würde der genannte R. Josua in einer Diskussion mit seinem Collegen, um diesem die Unhaltbarkeit einer Ueberlieferung, von der er nicht ablassen wollte, zu zeigen, doch nicht den Siegeskalender citirt und aus der citirten Stelle einen Schluss gezogen haben.[6] Diese Thatsache beweist deutlich, dass der Siegeskalender nicht erst in der Zeit R. Josua's und R. Elieser's entstanden ist, welche dann daran betheiligt gewesen sein müssten, sondern viel früher, und dass er zu jener Zeit schon seit lange als eine allgemein anerkannte Autorität gegolten hatte.

6) Zufolge der in den Halochot-Gedolot erhaltenen Ueberlieferung waren an der Abfassung des Kalenders die Aeltesten[7]

dass der grössere Theil der jüdischen Gemeinde bei solchen Bestimmungen nicht werde bestehen können: אין רוב הצבור יכילין לעמיד בה, wobei sie vorzüglich die Juden ausserhalb der Grenzen Palästinas im Auge hatten. Nach der Zerstörung Jerusalems aber konnte die gesammte Judenschaft dabei nicht bestehen. Man hat später (gegen Ende des zweiten Jahrhunderts) bei aller religiösen Peinlichkeit jener Zeit das Verbot des heidnischen Oels und Brods wegen seiner Unausführbarkeit ganz aufgehoben, obwohl es sich dagegen das grosse Bedenken erhob, dass kein Schulcollegium die Beschlüsse eines andern Schulcollegiums aufheben dürfe, wenn es nicht dasselbe an Gesetzeskenntniss und an Zahl übertreffe, vgl. *jer. Schabb.* a. a. O. und *Aboda Sara* 2, 9. Wie ist es denn nun gar denkbar, dass man von vornherein unter keineswegs günstigern Verhältnissen diese Bestimmungen aufgestellt hätte?

1) Vgl. Grätz IV S. 30 ff.
2) *Jer. Schabbath* a. a. O. und *Tosifta. Schabb.* c. 1.
3) *Schabbath* 17b, vgl. auch *jer.* a. a. O.
4) *ant.* XII, 3, 1; *bell.* II, 21, 2. Vgl. unten.
5) Vgl. unten.
6) *Edujot* 9b; *Chulin* 129b; *Scholion* c. 2.
7) זקני בית שמאי וזקני בית הלל

der hillelschen und schammaitischen Schule betheiligt, mit diesem Namen aber werden bekanntlich die unmittelbaren Schüler Hillel's und Schammai's bezeichnet.¹ Wir stimmen hierin gegen Zunz und Herzfeld mit Grätz, ohne übrigens seine Vorstellung von dem Hergange der Sache zu theilen. Er gelangt mittelst scharfsinniger Untersuchung, aber theilweise unhaltbarer Combinationen zu dem Resultate, dass die Synode und die „Aufzeichnung" der Gedenktage in den letzten Jahren vor der Tempelzerstörung, nach dem Siege der Zeloten über die Römer, im Söller des Eleasar ben Chananja stattgefunden, und dass dieser Eleasar identisch sei mit dem bekannten Tempelhauptmann Eleasar, der beim Ausbruche der Revolution die Hauptrolle spielte und die Seele der Revolutionspartei in Jerusalem war, und dass die Schammaiten, zu deren Gunsten die heidenfeindlichen Bestimmungen von der Synode aufgestellt wurden, dem politischen Zelotismus huldigten, während die Hilleliten zur Friedenspartei gehörten.² Den Mittelpunkt der ganzen Untersuchung bildet die Umwandlung des Namens Chananja ben Chiskia in Eleasar ben Chananja und die Identificirung desselben mit dem zelotisch gesinnten Eleasar.

1) Diese Textveränderung zu Gunsten der Einheit der beiden Eleasar ist aber eine allzu kecke. Denn nicht allein in dem uns vorliegenden Texte der beiden Talmude lautet der Name überall Chananja ben Chiskia, sondern auch die sämmtlichen älteren Autoren, der Verfasser der Halochot-Gedolot, Maimonides, Raschi, Ascheri u. s. w. kennen keinen andern als Chananja ben Chiskia. In der Vorrede zu seinem Mischnacommentar sagt Maimonides ausdrücklich, dass der in der Mischna und Borajtha erwähnte Chananja ben Chiskia und noch acht andere namhaft gemachte hervorragende Persönlichkeiten gleichzeitig mit Hillel und Schammai wirkten, und an einer andern Stelle³ spricht er von diesem Chananja in einer Weise, als wenn ihm dessen Gelehrsamkeit, Ansehen und Wirksamkeit anderweitig bekannt seien. Das einzige, worauf sich Grätz bei seiner Textveränderung stützt, ist dies, dass im Scholion, dessen hebräischer Tezt an vielen Stellen verdorbt ist und der Berichtigung nothwendig bedarf⁴, Eleasar ben Chananja mit seinen Genossen als Verfasser des Kalenders angegeben wird, und diese Angabe auch in das Geschichtswerk Seder Hadorot aufgenommen ist, dessen Verfasser, Jechiel Heilprin (1728 noch am Leben), in höchst naiver Weise alles Gehörte und Aufgezeichnete

---
1) Vgl. Grätz III S. 247 und 249.
2) Ebend. Note 23, 26 und 27.
3) Commentar zur Mischna *Schabb.* 1, 4. Vgl. auch *Juchasin p.* 97 *ed. Zolkiew.*
4) Vgl. unten.

gläubig hinnahm, Mährchen und Sagen für Thatsachen hielt und von historischer Kritik gar keine Vorstellung hatte.[1]

2) Nicht minder leichtfertig beseitigt Grätz die Angabe des Talmud[2], dass Hillel und Schammai bei der tumultuarischen Synode zugegen waren. Mag es auch ungenau sein, wenn hier das „Lehrhaus" statt des Söllers des Chananja genannt wird — das ausdrückliche Zeugniss vom Beisein Hillel's und Schammai's kann doch deshalb nichts an Werth und Glaubwürdigkeit verlieren. Uebrigens wird dies nicht vom Talmud allein erzählt; eine ältere Quelle, die Tosifta[3] bezeugt ebendasselbe.

Prüfen wir nun die Beweise, welche Grätz für seine Ansicht aufgestellt hat.

3) Auch schon ohne ausdrückliche Nachricht von dem Ursprunge der heidenfeindlichen Absonderungsmassregeln, meint Grätz, würde man sie in die letzten vier Jahre vor der Tempelzerstörung setzen müssen, „als die Spannung zwischen Juden und Heiden in einen vernichtenden Racen- und Religionskampf ausgebrochen war." Nun ist zwar wahr, dass diese Absonderungsmassregeln eine heidenfeindliche Stimmung bei einem grossen Theile des Volkes voraussetzen; aber hat man deshalb die Synode in die Zeit nach dem Siege der Zeloten über die römischen Truppen zu setzen? Dann würde der Zweck nicht zu begreifen sein, den die Schammaiten mit diesen Massregeln verfolgten. Denn dass sie, ohne irgend ein anderes Ziel zu erstreben, dazu nur von einem tiefen Hasse gegen die Heiden getrieben worden seien, ist undenkbar. Die Schammaiten waren bei all ihrer religiösen Peinlichkeit und übermässigen Strenge keine Ultrazeloten; sie waren Gesetzeslehrer und haben ohne Zweifel durch die Vermeidung jedes näheren Verkehrs mit den Heiden etwas erzielt, was die Sorge für das gemeine Beste unerlässlich zu fordern schien; sonst würden sie nicht mit dem Schwerte in der Hand die Hilleliten zu der Annahme ihrer vorgeschlagenen Bestimmungen gezwungen und die Synode mit Blut befleckt haben. Nach dem Siege über die Römer wäre mit der Feststellung der antiheidnischen Bestimmungen der Revolution und dem, was mit ihr beabsichtigt wurde, nicht gedient worden; auch bedurfte es damals nicht erst der Abfassung des Siegeskalenders, um die Begeisterung für den Krieg im Volke wachzurufen und anzuspornen. Früher, wo Viele zum Kriege gegen die Römer noch unentschlossen waren, wäre es vielleicht von Nöthen gewesen, nach solchen Mitteln zu

---

1) Grätz (Note 26, 3) führt Seder Hadorot als ein besonderes vom Scholion unabhängiges Zeugniss an, als wenn der Seder Hadorot seine Nachricht aus einer alten authentischen Quelle geschöpft hätte, und nicht vielmehr den Worten des Scholions blindlings folgte.
2) *Schabbath* 17ᵃ.
3) Zum Trakt. *Schabb.*

greifen; nicht aber jetzt, wo der Freiheitsdrang und die Kampflust sich aller Herzen bemächtigt hatten. Nach dem Siege über das Heer des Cestius war ja, wie Josephus selber bezeugt[1], das ganze Volk vom Kriegsfieber ergriffen, und es waren auch gewiss nur sehr wenige Vornehme und verdorbene Römlinge, welche eine Ausnahme machten. Grätz irrt, wenn er meint, dass die Hilleliten zur Friedenspartei gehörten; Pharisäern wie Sadducäern, Hilleliten wie Schammaiten erschien damals der Krieg als ein heiliger, der von Gott gewollt und von der Religion gefordert werde[2], sie waren alle für ihn begeistert und betheiligten sich auch alle mehr oder weniger an ihm.[3]

---

1) *Vit.* 6; vgl. auch *bell.* II, 20, 3.
2) Man vgl. die Rede der Leute Josephus' in der Höhle nach dem Falle Jotapata's, *bell.* III, 8, 4.
3) Es ist wahr, dass Anfangs, als die Revolution im Anzuge und noch nicht allgemein ausgebrochen war, viele Pharisäer und Priester dagegen waren; sie befürchteten einen unglücklichen Ausgang und waren besorgt für den Tempel, das Wohl des Volkes und die Nationalität, die man aufs Spiel setzte. Die Ungewissheit des Erfolges war es, was damals Viele noch unschlüssig machte und friedlich stimmte. „Die Gesetzeskundigen unter den Pharisäern" und viele der Priester mochten daher, als Eleasar die dienstthuenden Priester aufgefordert hatte, fortan keine Opfer und Gaben von den Heiden anzunehmen, bei ihrem Einschreiten dagegen neben der Hinweisung auf die zu allen Zeiten üblich gewesene Sitte, dass Heiden im Tempel opferten und beteten, besonders geltend gemacht haben, dass durch dieses Verbot auch die Römer und selbst der Kaiser vom Opfern ausgeschlossen würden, worin eine Herausforderung der römischen Waffen liege, die sie durchaus vermieden wissen wollten. Als aber einmal der Würfel gefallen war, besonders nachdem die Zeloten die römischen Truppen wiederholt besiegt hatten, und man nunmehr des Sieges und des glücklichen Erfolges sicher zu sein glaubte, waren gewiss die sämmtlichen Pharisäer wie überhaupt die ganze Bevölkerung bis auf wenige Reiche und Vornehme, die aus Interesse den Römern und Agrippa anhingen, mit Leib und Seele für die Volkserhebung. Die Scene im Tempel vor dem Nikanorthor, selbst wie sie Josephus in den „jüdischen Kriegen" (II, 17, 3) schildert, der in diesem Werke überall die Schuld des Krieges auf das Haupt der als „Räuber" dargestellten Zeloten zu wälzen sucht (man sehe dagegen *ant.* XX, 11, 1 wo er die ganze Schuld auf Florus schiebt: καὶ τί δεῖ πλείω λέγειν; τὸν γὰρ πρὸς Ῥωμαίους πόλεμον ὁ καταναγκάσας ἡμᾶς ἄρασθαι Φλῶρος ἦν, κρεῖττον ἡγουμένους ἀθρόους ἢ κατ' ὀλίγον ἀπολέσθαι), kann daher auch nicht im mindesten das friedliche Verhalten vieler Pharisäer oder speciell der Hilleliten während des Krieges beweisen. Josephus selber, den die Anwesenheit in Rom und die Gunstbezeugungen der Kaiserin Poppäa zum Römling gemacht (vgl. *vit.* 3 und Salvador II, p. 46) und der Anfangs gegen den Krieg gepredigt hatte (*vit.* 4), war später, als er die Stelle eines galiläischen Statthalters übernommen, mit ganzer Seele für den Krieg gewesen; denn dass er von vornherein zweideutig und mit verrätherischen Gedanken umgegangen sein sollte, ist undenkbar; das Synedrion hätte nicht solches Vertrauen zu ihm gehabt und würde ihm nicht ein so wichtiges Amt übertragen haben, wenn er nicht seine Treue durch die That hinlänglich bewiesen und volle Gelegenheit gegeben hätte, sein Inneres zu durchschauen. Erst später, als ihn die energischen Zeloten Galiläa's wegen seiner Nachlässigkeit in der Verwaltung und seiner Fahrlässigkeit in Beschaffung der nöthigen Mittel für den bevorstehenden Krieg

Dass die Hilleliten nicht zur Friedenspartei gehörten, sieht man auch an der gewaltigen Energie, welche Simon ben Gamaliel, ein Urenkel Hillel's, der an der Spitze des Synedrion und zugleich des leitenden Ausschusses während der ersten Revolutionszeit stand und gewiss auch das Haupt der hillelschen Schule war, nach dem Siege über Cestius entwickelte und an dem Feuereifer, mit dem er die Bewegung leitete, was selbst Josephus bezeugt[1], der ihn doch gewiss nicht mit günstigem Auge ansah. Wenn später der „geringste" der unmittelbaren Schüler Hillel's[2], R. Jochanan ben Sakkai darauf drang, Frieden mit den Römern zu schliessen, so geschah es erst nachdem er das grosse Zerwürfniss, in welches die Zelotenführer untereinander gerathen waren, gesehen und sich von der Fruchtlosigkeit der weitern Fortsetzung des Krieges gegenüber der Riesenmacht der Römer überzeugt hatte. Ihm lag der Tempel, dessen Zerstörung er unter solchen Umständen voraussehen konnte[3], und die Lehrpflege, die er mit der Eroberung Jerusalems für bedroht hielt, am Herzen; dies allein war es, was ihm den Gedanken an einen Friedensschluss mit den Römern nahe legte und worauf er die Aufmerksamkeit des Volkes zu lenken bemüht war.[4]

Grätz lässt darauf die „positiven" Beweise für seine Ansicht folgen:

a) R. Josua, der, wie bereits erwähnt, zu den hervorragendsten Mitgliedern des Schulcollegiums in Jamnia gehörte, und der „noch als Jüngling im Tempel fungirt hat", sprach — wie Grätz behauptet — „mit frischer Erinnerung sein tiefes Bedauern über jenen Tag aus, an welchem die achtzehn Bestimmungen eingeführt worden." — Aber der Ausdruck „an jenem Tage"[5] wird im Talmud meistentheils gerade für eine sehr entfernte Zeit gebraucht.[6]

b) „Die Talmude haben noch die Erinnerung, dass die achtzehn Bestimmungen zu R. Josua's Zeit als frisch angeordnet

---

schmähten und anfeindeten, gewann die alte Römerfreundlichkeit wieder Raum in seinem Innern; es folgten dann die bekannten Zweideutigkeiten in seinem Handeln und zuletzt, nach dem Falle Jotapata's, wo er in der Höhle seine bis zum letzten Augenblicke ihren Grundsätzen treugebliebenen, den Heldentod sterbenden Genossen betrog und das liebe Leben auf eine schmähliche Weise rettete, der völlige Uebergang zu den Feinden seines Volkes und Vaterlandes.

1) *Vit.* 38—39.
2) קטן שבהן, vgl. *Batra* 134b und *jer. Nedarim* 5, 7.
3) Darauf deutet auch die Sage hin, R. Jochanan ben Sakkai habe dem Tempel, dessen Thore sich von selbst geöffnet, zugerufen: „Weshalb willst du uns erschrecken, wir wissen es, dass du endlich zerstört werden wirst" (יודעין אנו שסופך ליחרב), *Joma* 39b, *jer. Joma* 6, 3.
4) Vgl. *Abot di R. Nathan* 4 und *Gittin* 56a.
5) בו ביום
6) Vgl. *Jadaim* 4.

galten." In das Register der achtzehn Bestimmungen, welches in Jeruschalmi von R. Simon ben Jochai überliefert wird, ist nämlich auch das Verbot des heidnischen Käses aufgenommen. Nun wird in der Mischna erzählt, dass R. Josua, als ihn sein Schüler R. Ismael nach dem Grunde des Verbotes fragte, der Antwort auswich.[1] Der Grund dieses Ausweichens wird in den Talmuden dahin angegeben, dass das Verbot des Käses aus der jüngsten Zeit stamme[2], und R. Ismael noch zu wenig Gesetzeskenntnisse besessen habe[3], um ihm die Gründe der neuern Erschwerungen angeben zu können. — Dieser Beweis hätte schon etwas für sich, wenn nur seine Voraussetzungen richtig wären. Grätz selber hat gleich am Eingange und mit Recht bemerkt, dass die Späteren die achtzehn Bestimmungen nicht mehr sicher aufzuzählen wussten; dergleichen Erschwerungen waren zur Zeit des Talmuds aus der Ueberlieferung gar viele bekannt, so dass die Erinnerung sich leicht verwirrte. Nach dem babylonischen Talmud gehört das Verbot des heidnischen Käses nicht zu den achtzehn Bestimmungen der Synode, und im Jeruschalmi ist es auch nur R. Simon ben Jochai, der es zu diesen zählt. Dass aber derjenige im Jeruschalmi, welcher das Verbot des heidnischen Käses für ein zur Zeit R. Josua's erst vor Kurzem angeordnetes hält[4], es nicht zu den achtzehn Bestimmungen der Synode zählt, beweist der Umstand, dass er einen ganz andern Grund dieses Verbotes ausspricht[5], als den allgemeinen, im babylonischen Talmud beim Verbote des Oels, Weins u. s. w. angeführten, nämlich die Vermeidung jedes nähern Verkehrs mit den Heiden."[6] Man könnte sogar aus der besondern Hervorhebung der „jüngsten Zeit" beim Verbote des heidnischen Käses schliessen, dass dieses im Gegensatze zu dem Verbote des Oels, Weins u. s. w. Manchen als zur Zeit R. Josua's frisch angeordnet galt, während das andere Allen als ein aus der ältern Zeit stammendes bekannt war. Es braucht auch kaum noch bemerkt zu werden, dass in der Unterredung zwischen R. Josua und seinem Schüler kein Hinweis auf die stürmische Synode liegt, von der jener, wie Grätz meint, nichts erzählen mochte. Die Talmude führen das auch nicht als Grund der Ablehnung einer Antwort an; dergleichen Ablehnungen sind überhaupt im Talmud nichts Seltenes.

c) Eleasar Sohn Anania's forderte, wie Josephus berichtet[7],

---

1) *Aboda Sara* 29a.
2) גזרה חדשה היא, ebend. 36a; מפני שמקריב אסרים, *jer. Ab. Sara* 2, 8.
3) היה קטן Grätz hat aus leicht erklärlichem Grunde den Schluss des Satzes nicht citirt.
4) Es ist der Amroa R. Jochanan.
5) *jer.* a. a. O.
6) *Schabbath* 17b.
7) *bell.* II, 17, 2.

die dienstthuenden Priester auf, keine Gaben und Opfer von den Heiden für den Tempel anzunehmen; dieser Massregel, meint Grätz, entspreche das Verbot der „heidnischen Geschenke" [1], welches zu den achtzehn Bestimmungen der Synode gehört und welches also in der Revolutionszeit angeordnet worden sei. — Die sämmtlichen ältern Zeugen aber verstehen unter „heidnischen Geschenken" nicht Gaben und Opfer für den Tempel und kennen überhaupt dieses Verbot nicht, sie wissen nur, dass Privatleute von Heiden keine Geschenke annehmen dürfen, um nämlich nicht zu eng mit diesen verflochten zu werden.

d) Das Verbot des heidnischen Oels gehört zu den Bestimmungen der Synode, und „Josephus' Nachrichten von dem heidnischen Oel deuten an, dass das Verbot erst zu seiner Zeit eingeführt worden ist." Josephus erzählt nämlich [2], Johannes von Gischala hätte ihn um die Erlaubniss gebeten, den syrischen Juden auf deren Wunsch jüdisches Oel aus Galiläa zu liefern, weil sie kein heidnisches Oel gebrauchen dürfen. Daraus schliesst Grätz, dass das heidnische Oel erst damals verboten worden sei, denn sonst würde man doch fragen müssen, „wie haben sie (die syrischen Juden) es denn bis dahin gehalten?" — Das Wahre an der Geschichte wird wohl dies sein, dass Josephus, der bei seiner Ankunft in Galiläa noch als eifriger Patriot mit Johannes, an dessen energischer Thätigkeit er Gefallen fand [3], in gutem Einverständnisse lebte, diesem nicht nur den Wiederaufbau der Mauern von Gischala anvertraut, sondern auch das Monopol des Oels verliehen hatte, um mit Hülfe des daraus fliessenden reichen Gewinns Truppen für den bevorstehenden Krieg zu werben.[4] Wenn sich nun aber die syrischen Juden damals direct um jüdisches Oel an Johannes gewendet haben, vielleicht weil er in der Lage war, ihnen das Oel unter militärischer Bedeckung sicher zuführen zu können: so folgt daraus keinesweges, dass das heidnische Oel erst zur Revolutionszeit verboten worden; die Juden Syriens konnten doch schon seit lange jüdisches Oel aus Galiläa bezogen haben, und sie gingen jetzt gerade Johannes an, weil die Wege an der syrischen Grenze in Folge des Aufstandes ihnen nicht sicher genug erschienen, oder wer weiss aus welchem andern Grunde. Eine andere Nachricht des Josephus bestätigt dies, das die syrischen Juden lange vor dem Ausbruche der Revolution sich des heidnischen Oels enthalten haben, ausdrücklich. Er erzählt nämlich [5], dass die Juden Antiochiens, weil sie sich weigerten, heidnisches Oel anzunehmen,

---

1) מתנותיהן
2) *bell.* II, 21, 2.
3) Vgl. *bell.* a. a. O. Anfang.
4) Dies geht aus Josephus' Worten selbst hervor.
5) *ant.* XII, 3, 1.

für das ihnen zukommende Oel von den Aufsehern der Gymnasien Geld ausgezahlt erhielten und dass sie sich, als die städtische Verwaltung während des letzten Krieges diese Gewohnheit abschaffen wollte, an den damaligen Ssatthalter Mucianus wandten, der sie in ihrem alten Rechte schützte.[1]

c) „Wenn der 28. und 29. Gedenktag — folgert Grätz weiter[2] — sich auf die Revolutionszeit beziehen[3], so kann Megillat Ta'anit nicht früher abgefasst sein." Sonderbar! Der Trajanstag und der Gedenktag zur Erinnerung an die Zurücknahme der hadrianischen Verfolgungsedikte sind mit aller Gewissheit, wie auch Grätz nicht anders annehmen kann, lange nach der Abfassung des Kalenders den ältern Gedenktagen hinzugefügt worden, und so können doch eben so gut der 28. und 29. Gedenktag später hinzugefügt worden sein. —

Fassen wir nun alles bisher Gesagte zusammen, so ergibt sich daraus, dass die Abfassung des Siegeskalenders und die Synode weder nach der Tempelzerstörung in Jamnia, noch während der vier Revolutionsjahre, sondern lange vor dieser Epoche, und zwar da wir an der durch zwei Quellen verbürgten Nachricht zu zweifeln keinen Grund haben, noch bei Lebzeiten Hillel's und Schammai's stattgefunden haben, und dass sie eine Zeit voraussetzen, in welcher eine grosse politische Bewegung vor sich ging und die Patrioten durch unlängst Geschehenes sich aufgefordert fühlten, den Freiheitsfunken, um zu einem gewissen vorgesetzten Ziele zu gelangen, überall im Volke zu entzünden, oder wenigstens durch Hinweis auf die in der Vergangenheit durchlebten vielen Gefahren, aus denen Gott immer gerettet, den sinkenden Muth des Volkes zu heben und ihm Gott- und Selbstvertrauen einzuflössen, andererseits aber Massregeln zu treffen, die im Stande wären, die Quelle, aus der, ihrer Meinung nach, zum grössten Theil die gegenwärtigen Missstände geflossen, mit der Zeit zu verstopfen und so eine neue Wendung der Dinge herbeizuführen. Eine solche Zeit, in welcher zugleich Hillel und Schammai hoch betagt ihren blühenden Schulen noch vorstehen

---

1) Dem entsprechend erzählt Josephus *vit.* 13, dass die Juden von Cäsarea, welche auf Befehl des Herrschers innerhalb der Mauern eingeschlossen waren und nicht aus der Stadt gehen durften, Johannes darum baten, er möchte ihnen doch jüdisches Oel aus Galiläa herschaffen, damit sie nicht gezwungen würden, wider Gewohnheit griechisches Oel zu gebrauchen.
2) § 4.
3) Ob der erstere, der 25. Siwan, sich auf die Revolutionsepoche bezieht, ist noch zweifelhaft, der zweite aber, der 17. Elul, gehört gewiss dahin, vgl. den zweiten Theil.

konnten, war damals, als Judäa in eine römische Provinz verwandelt und der Census eingeführt wurde; damals wurden die Geister in höchste Spannung versetzt, eine tiefe Bewegung entstand unter allen Klassen der Bevölkerung, die Erbitterung steigerte sich fast bis zur Verzweiflung und die Keime der spätern Revolution begannen zu sprossen. Die erste Einmischung der Römer in die Staatsverhältnisse Judäas, die Eroberung Jerusalems durch Pompeius und der Tempelraub des Crassus, dann das schändliche Attentat des idumäischen Proselyten Herodes auf das hasmonäische Königshaus, welches er mit Hülfe der Römer ausführte, seine tyrannische, blutbefleckte Regierung[1], seine völlige Hingebung an die Römer, wodurch er deren Herrschaft in Judäa noch fester begründet hat, und endlich seine Neigung zum Heidenthume und seine Liebe zu den heidnischen Sitten[2] mussten schon früh neben dem tiefen, vom ganzen Volke getheilten Hass gegen die Römer und die idumäischen Machthaber Erbitterung und Antipathie gegen Heiden und Proselyten insgemein in den Herzen der frommen Patrioten erregen. Dass es aber vorzüglich die rigorösen und heftigen Schammaiten waren, die sich schon damals gegen Heiden und alles Heidnische abweisend verhielten, jede Gelegenheit wahrnahmen, das Volk gegen die verhassten Römer aufzureizen, und

---

1) Mag man auch Vieles in der Schilderung, welche die von den Juden abgeschickte Gesandtschaft von der Tyrannei und den Missethaten des Herodes vor Augustus entwarf, (*Jos. ant.* XVII, 11, 2; *bell.* II, 6, 2) für übertrieben halten — so viel ist gewiss, dass Herodes, wie kein jüdischer Fürst vor ihm, mit frechem, der ganzen idumäischen Familie eigenthümlichen Uebermuth das Volk bedrückt, geknechtet und über dasselbe unsägliches Leid gebracht hat. Herodes' Geheimschreiber und eifrigster Anhänger, der Damascener Nikolaus, der vor Augustus den Anwalt seines Herrn spielte, leugnete auch nicht alles, was die Gesandtschaft vorbrachte, rund weg ab, sondern äusserte nur, Klage wider Herodes hätte man bei seinem Leben führen sollen und nicht jetzt.

2) Seines heidnischen Ursprungs eingedenk, zeigte Herodes in Allem einen Hang zum Heidenthume und zu den heidnischen Sitten. Er erbaute in Jerusalem Theater und Rennbahn, veranstaltete Kampfspiele mit Athleten und wilden Thieren, führte die Feier der fünfjährigen Actiade ein und hatte sogar die Frechheit, im heiligen Lande einen römischen Tempel zu errichten; die syrischen, kleinasiatischen und griechischen Städte schmückte er mit Säulengängen, Bädern, Theatern, öffentlichen Plätzen und Tempeln, setzte Preise aus für die Förderung der olympischen Spiele, und verschwendete dergestalt ungeheure Summen, die er dem jüdischen Volke abpresste, zur Unterstützung des heidnischen Wesens und zur Verschönerung heidnischer Städte (vgl. über Alles *ant.* XV, 8, 1—2. 9, 5—6; XVI, 5, 1—4). Die Entrüstung des Volkes, besonders der Frommen, über dieses Treiben und Antipathie gegen alles Heidnische wird wohl auch damals den Anlass dazu gegeben haben, das Land der Heiden für (levitisch) unrein zu erklären, welche strenge Bestimmung von Jose b. Joëzer, der in der Zeit der syrischen Verfolgungen als Märtyrer starb (*Bereschith Rabba* 65) und seinem Collegen herrührt, und welche 80 Jahre vor der Tempelzerstörung (7 Jahre vor Herodes' Tod) erneuert und verstärkt wurde (*Schabbath* 15a פ׳ שנה עד שלא חרב הבית גזרו טומאה על ארץ העמים, vgl. 15b).

geheime Umtriebe gegen das Haus der Herodier unterhielten, kann aus allem, was von ihres Meisters Gesinnungen überliefert worden, mit Sicherheit geschlossen werden.[1] Diese Erbitterung und Antipathie gegen Heiden gewann mit der Zunahme der Tyrannei und der Gewaltthätigkeiten, welche das idumäische Haus und die Römer in Judäa ausübten, bei den Frommen und Nationalen immer mehr Stärke und Verbreitung und bemächtigte sich später der ganzen Nation. Herodes, der noch kurz vor seinem Tode zwei Gesetzeslehrer mit ihren Jüngern, die es wagten, den römischen Adler über dem Tempelportale herunterzuschlagen, zum Feuertode verurtheilt hatte, schloss sein schuldbeladenes Leben mit einem Mordbefehl gegen die angesehensten Männer Judäas. Sein Nachfolger Archelaus eröffnete die Regierung mit einer blutigen Metzelei und einem rohen Eingriff in die Gesetze: auf seinen Befehl wurde die opfernde Menge am Vorabende des Passa auf dem Tempelberge überfallen und niedergehauen, und das Passafest für jenes Jahr aufgehoben.[2] Während der Abwesenheit der herodischen Familie in Rom, um dort von Augustus die Bestimmung über das künftige Schicksal Judäas zu empfangen, brachen über das Volk Leiden herein, welche alle früheren in den Hintergrund stellten: ganze Städte wurden eingeäschert, Wehrlose erwürgt, die Tempelhallen zerstört, das Heiligthum entweiht und der Tempelschatz beraubt, — der böse Geist, welcher alles Unglück heraufbeschworen hatte, war der römische Feldherr Varus.[3] Archelaus wurde darauf, wie den Juden zum Trotze, in seiner Regierung von Augustus bestätigt, und nachdem dieser ihn später, als er den vielen Klagen über seine Grausamkeit nicht mehr widerstehen konnte, verbannt hatte[4], wurde Judäa in eine römische Provinz verwandelt und der Census eingeführt, — das Alles musste den Hass gegen die Römer und mit ihm die Erbitterung gegen Heiden bis zum äussersten Grade steigern und zum Ausbruche treiben. Man sah jetzt klar und allgemein, wohin die Freundschaft mit den Römern geführt hatte, und wie unbesonnen und gefahrvoll jener Schritt des Hohenpriesters Simon war, der den kaum zur Selbstständigkeit gelangten Staat unter den

---

1) Die Antipathie gegen Proselyten und die heidenfeindliche Gesinnung überhaupt ist nicht, wie Grätz meint (Note 23 und 26), ein Erzeugniss der letzten vier Jahre, wo die Erbitterung gegen Heiden durch den Racenkampf ihren Höhepunkt erreichte, sie datirt vielmehr schon aus der Zeit des Schammai und wird im Talmud (*Schabbath* 31 a) auf diesen zurückgeführt, sowie die Heiden- und Proselytenfreundlichkeit auf Hillel. Diese Stellen nicht „stricte zu nehmen", wie Grätz glaubt, liegt gar kein Grund vor. — Die zwei Gesetzeslehrer, welche ihre Jünger anfeuerten, den römischen Adler über dem Tempeleingange herunterzureissen (*ant.* XVII, 6, 2 - 3), waren gewiss auch aus der schammaitischen Schule.

2) *Jos.* ebend. 9, 3.
3) Ebend. 10, 1—10.
4) Ebend. 13, 2; *bell.* II, 7, 3.

Schutz Roms gestellt und den Senat um die Gunst gebeten hatte, die jüdische Nation zu seiner Bundesgenossin anzunehmen.¹ Man erkannte, aber leider zu spät, dass Hingebung an die Freundschaft heuchelnden Römer und Vertauen zu ihnen gleichbedeutend sei mit Tödtung der Freiheit und unermessliches Elend mit sich führender Knechtschaft. Es war nicht die an sich erträgliche Einführung des Census, die jetzt die Gemüther entflammte und Alles in Spannung brachte, es war vielmehr die ganze Summe der Wunden, welche das schützende Rom der jüdischen Nation geschlagen und welche jetzt fühlbarer wurden als je, und dazu die Vorahnung einer düstern, grauenhaften Zukunft. Es galt nunmehr, zugleich dem gegenwärtigen Uebel und dem drohenden Unheil entgegenzuarbeiten und das Land dem Abgrunde zu entreissen: es galt einen Bruch mit Rom! Aber wie war dieses auszuführen, ohne das Uebel nur noch ärger zu machen? wie konnte man sich von den gewaltigen, tief im Nacken der Nation sitzenden Klauen des römischen Adlers loswinden? Man erkannte gar bald, dass, um der römischen Willkür in Judäa ein Ende zu machen und dem Lande seine alte Selbstständigkeit und Freiheit wieder zu geben, es eines unermesslichen Kraftaufwandes, der vielfachsten Mittel und einer längern Vorbereitung bedürfe, und dass zu einem Kriege gegen die Römer vor Allem eine von der ganzen Nation zu entwickelnde, vor Nichts zurückbebende Energie, eine allgemeine Begeisterung für das väterliche Erbe und die nationale Freiheit, eine grossartige Aufopferung und Todesverachtung nöthig sei. Das Volk dazu tüchtig zu machen, und zu bewirken, dass Alle, wie von Einem Geiste beseelt, mit gleichem Eifer nach dem heiligen Ziele hinstrebten, das war die Aufgabe, die sich jetzt viele unter den Frommen und den eifrigen Patrioten stellten.² Die kluge römische Politik, die darauf gerichtet

---

1) I Makk. 14, 24; 15, 15—20.
2) Josephus ist in der Darstellung der Begebenheiten nach der Ankunft des Quirinius und Coponius in Judäa sehr dunkel, und an den paar abgerissenen und hingeworfenen Sätzen in dem jüd. Kriege (II, 8, 1) kann man deutlich sehen, dass er hier mit der Wahrheit nicht herausrücken und sie absichtlich verhüllen wollte. Der Galiläer Judas soll mit Hinweis darauf, dass ausser Gott kein Sterblicher als Gebieter anzuerkennen sei, seine Landsleute (nach ant. scheint er damals selbst in Jerusalem gewesen zu sein, vgl. Grätz III S. 250 Anm. 3) zum Ungehorsam gegen die Römer angeregt und eine neue Sekte neben den drei bestehenden gestiftet haben. Welche Richtung diese Sekte hatte, welche Ziele sie verfolgte, wie gross die Zahl ihrer Anhänger war und wer diese waren, wird nicht gesagt. Er bemerkt hier nur, dass diese Sekte den schon bestehenden in nichts ähnlich gewesen sei ($ἦν\ δὲ\ οὗτος\ σοφιστὴς\ ἰδίας\ αἱρέσεως,\ οὐδὲν\ τοῖς\ ἄλλοις\ προσεοικώς$), in den Alterth. dagegen sagt er ausdrücklich (XVIII, 1, 6), die Anhänger derselben hätten in allem Uebrigen mit den Pharisäern übereingestimmt ($ἧς\ οἱ\ τρόφιμοι\ τὰ\ μὲν\ λοιπὰ\ πάντα\ γνώμῃ\ τῶν\ Φαρισαίων\ ὁμολογοῦσι$), und hätten sie eine ausserordent-

war, durch glatte und freundliche Worte treue und ergebene Unterthanen zu gewinnen, verfehlte auch in Judäa ihre Wirkung nicht; es gab auch hier Viele, die, geblendet von römischer Gunst, den Römern anhingen und deren Interessen förderlich waren. Es galt nun zunächst, dem Umsichgreifen dieses Uebels zu steuern, **alles Heidnische zu verpönen** und so den Hass gegen die Römer zu wecken und zu nähren. So wurden denn jetzt jene antiheidnischen Bestimmungen, die dazu angethan waren, die Juden gegen die Heiden abzuschliessen und kein vertrauliches Verhältniss zu ihnen aufkommen zu lassen, von den Schammaiten in stürmischer Debatte zu gesetzlicher Geltung gebracht. Die Hilleliten versagten nicht bloss wegen ihrer Friedensliebe, sondern auch deshalb ihre Zustimmung, weil sie erkannten, dass die ausserhalb Judäas wohnenden überall unter Heiden zerstreuten Juden bei so peinlich strenger Ausschliess-

liche Liebe zur Freiheit gezeigt, Gott allein als ihren Herrn anerkannt und an diesem Grundsatze mit unglaublicher Festigkeit und wunderbarer Ausdauer festgehalten. Hier wird auch noch erzählt (1, 1), dass sich zu Judas ein **Pharisäer** Namens Sadduk (die Identität dieses Sadduk mit dem bekannten **Schüler Schammai's R. Zaddok** ist sehr wahrscheinlich, vgl. Grätz ebend. Note 23, 2) gesellte, dass diese beide dass Volk zu energischen Massregeln anfeuerten und in dasselbe drangen, kühne Beschlüsse zu fassen, die auszuführen, zur Ehre Gottes und zum Ruhme der jüdischen Nation, es keine Mühe und Anstrengung scheuen sollte; dass sie ferner eine vierte Sekte gründeten, sich viele **Anhänger verschafften und Neuerungen einführten** (οὕτως ἄρα ἡ τῶν πατρίων κίνησις καὶ μεταβολὴ μεγάλας ἔχει ῥοπὰς τοῦ ἀπολουμένου τοῖς συνελθοῦσιν, εἴ γε καὶ Ἰούδας καὶ Σάδδουκος τετάρτην φιλοσοφίαν ἐπείσακτον ἡμῖν ἐγείραντες, καὶ ταύτης ἐραστῶν εὐπορηθέντες, πρός τε τὸ παρὸν θορύβων τὴν πολιτείαν ἐνέπλησαν καὶ τῶν αὖθις κακῶν κατειληφότων ῥίζας ἐφυτεύσαντο τῷ ἀσυνήθει πρότερον φιλοσοφίας τοιᾶσδε). Alle diese Andeutungen zusammengenommen führen zu der sicheren Annahme, dass die neue Partei, welche sich zu dieser Zeit der äussersten Spannung regte, **unter den Pharisäern selber sich gebildet hatte**, und zwar gehörten zu ihr alle Strengen und Rücksichtslosen im Eifer für das Gesetz und die Freiheit, welche, wohl mit Berufung auf Stellen in der heiligen Schrift, **gegen die Herrschaft der Heiden im heil. Lande und gegen deren anmassliche Gewalt, so wie gegen das im Wachsen begriffene römische Wesen eiferten.** Dass diese Partei, die zunächst eine religiöse war, nicht gegen jede Oberherrschaft sich sträubte, dass sie nicht **republikanisch** gesinnt war (wie Grätz meint, ebend. S. 249 unten) und dass sie **nur die Herrschergewalt der Heiden nicht anerkennen wollte**, muss durchaus angenommen werden, denn sonst wäre ja ihre Anschauung im Widerspruch mit der heil. Schrift und mit der ganzen jüdischen Vergangenheit gewesen. Josephus, welcher die Anhänger dieser Partei, zu der die angesehensten und einflussreichsten Pharisäer gehörten, für die Vorläufer der spätern Revolution hielt, der aber dem Pharisäerthume huldigte und selber ein Pharisäer war, hat aus leicht erklärlichen Gründen über sie einen Schleier gezogen und ihre Bestrebungen so wie überhaupt alle damaligen Vorgänge nur andeuten aber nicht unumwunden heraussagen wollen; wahrscheinlich hatte er bei den von dieser Partei eingeführten Neuerungen die Grundsätze und Bestimmungen im Sinne, die damals in Bezug auf das **Verhältniss der Juden zu den Heiden** aufgestellt worden sind.

lichkeit gar nicht bestehen konnten. Bei der Verhandlung waren auch die Stifter der Schulen, der strenge, in seinem Hasse gegen die heidnischen Gewalthaber rücksichtslose Schammai[1] und der überaus milde, gegen alle Menschen gleich freundliche Hillel zugegen[2]; dieser, obschon Synedrialpräsident, musste sich doch vor den Schammaiten beugen und ihren ungestümen Forderungen nachgeben.[3] — Ob und wie weit solche Massregeln zur Verhütung jeder römerfreundlichen Gesinnung und zur Erhaltung des Hasses gegen die Heidenherrschaft im heiligen Lande unter den damaligen Umständen zu rechtfertigen waren, mag dahin gestellt sein; leugnen kann man aber nicht, dass die Befürchtung der Nationalen damals nicht unbegründet war, und dass die Römerfreundlichkeit, die trotz diesen Massregeln bei Vielen Platz gegriffen und im spätern Kriege in zweideutiges falsches Treiben oder in ganz offene Verrätherei umschlug, den Siegen der Römer Vorschub geleistet und zum Untergange des jüdischen Staates Vieles beigetragen hat.

Zu derselben Zeit wurden auch die meisten Gedenktage eingesetzt und der Siegeskalender abgefasst, um den Patriotismus zu wecken und zu nähren, den Muth der Nation zu heben und sie zum unvermeidlichen Kriege mit den Römern anzufeuern. **Verfolgten demnach die Schammaiten bei der Abfassung des Kalenders neben dem religiös-nationalen noch einen politisch-revolutionären Zweck, so hatten die friedlichen Hilleliten, die gleich diesen daran betheiligt waren, keine andere Absicht, als dem vom Unglücke heimgesuchten Volke Gottvertrauen einzuflössen, es zur geduldigen Ergebung in den göttlichen Willen zu erheben und seiner gedrückten, halb verzweifelten Stimmung abzuhelfen durch Hinweisung auf die dem jüdischen Volke schon oft zugestossenen Unfälle und Leiden, die Gott nur zur Sühne auf eine gewisse Zeit verhängt und dann**

---

1) Aus dieser Zeit datirt jedenfalls auch jene überlieferte Gesetzesverordnung, der ein revolutionärer Gedanke zu Grunde liegt und die vom „alten" Schammai selber herrührt, dass man nämlich am Sabbat, bei dem die Schammaiten sonst so strenge und peinlich waren, eine feindliche Festung **angreifen und zum Falle bringen dürfe** (vgl. 1 Makk. 2, 32—41), ja dass es **religiöse Pflicht** sei, durchaus so zu handeln (*Schabbath* 19a).

2) Die Ernennung Hillel's zum Synedrialpräsidedten geschah 100 Jahre vor der Tempelzerstörung (*Schabbath* 15a, vgl. Frankel's Monatschrift Jahrg. 1852 S. 118), also 30 Jahre vor Chr. Nach einer nicht ganz verbürgten Nachricht soll er dieses Amt 40 Jahre bekleidet haben (*Sifri* Ende), sein Tod würde demnach in das dritte Jahr nach der Ankunft des ersten Landpflegers Coponius in Judäa fallen (die Verwandlung Judäas in eine römische Provinz erfolgte im Jahre 7 n. Chr.). Jedenfalls hat Hillel die „neue Katastrophe" noch erlebt.

3) Vgl. *Schabbath* 17a und Raschi zu der betreffenden Stelle.

wieder wunderbar abgewendet habe.¹ Die Erinnerung an frühere Leidensperioden sollte den bittern Kelch, den man jetzt zu leeren hatte, versüssen, das verdriessliche Murren gegen die Vorsehung aus dem Herzen bannen und mögliche Zweifel an der göttlichen Gerechtigkeit nicht aufkommen lassen. Auf diese friedliche, gottergebene Gesinnung der Hilleliten bei der Abfassung des Kalenders² deuten die Worte jener vielfach missverstandenen Borajtha hin: „Chananja ben Hiskia und seine Genossen schrieben Megillath Ta'anith, weil sie die Drangsale und Leiden in Liebe aufnahmen", d. h. weil sie gottergeben und ohne Murren die von Gott verhängten Leiden als verdiente und vorübergehende Strafe ansahen³, weshalb ihnen die Erinnerung an die wechselnden Geschicke der Vorfahren und an die in der Noth nie ausgebliebene Hülfe so theuer war. Ein Nachkömmling Hillel's⁴, R. Simon b. Gamaliel⁵, fügt hinzu: „Auch wir nehmen die über uns verhängten Leiden in Liebe auf, auch uns ist die Erinnerung an sie theuer; wollten wir sie aber alle aufschreiben, wir kämen nicht zu Ende" (weil ihrer zu viel sind).⁶

---

1) Vgl. II Makk. 6, 12—16.
2) Grätz lässt die Frage unberührt, wie die Hilleliten, die nach seiner Ansicht auch noch während des Krieges zur Friedenspartei gehörten, an der Abfassung des Kalenders sich betheiligen konnten; sie hierzu, wie zu ihrer Zustimmung zu den Beschlüssen der Synode, durch Waffengewalt zu zwingen, war doch nicht wohl möglich.
3) *Schabbath* 13ᵇ: שהיו מחבבין את הצרות. Diesen prägnanten Sinn hat das Verbum חבב im Talmud überall, wo die Rede ist von geduldigem Tragen des zugestossenen Leids und vom Bekennen der göttlichen Gerechtigkeit und Liebe, die sich in der Züchtigung ausspricht, vgl. *Berachot* 5ᵇ: חביבין עליך יסורין.
4) Woran man erkennen kann, dass die Worte der Borajtha im Sinne Hillel's gemeint sind.
5) Patriarch 140—163 n. Chr., vgl. Grätz IV Note 66.
6) אף אנו מחבבין את הצרות אבל מה נעשה שאם באנו לכתוב אין אנו מספיקין. Raschi gibt zu der Stelle eine andere, wie es scheint aus Halachot Gedolot hergenommene Erklärung, welche Grätz (III S. 560 Anm. 2) für die richtige hält. Ihnen waren, sagt Raschi, die Leiden theuer, indem sie der dabei geschehenen Wunderhülfe zum Lobe Gottes gedachten, und die Worte des R. Simon erklärt er dahin, dass die Leiden unzählig und der Befreiungen und Rettungen so viele sind, dass, wenn man die sämmtlichen Tage, an denen göttliche Hülfe und Rettung eingetreten ist, zu Gedenktagen erheben wollte, man jeden Tag feiern müsste. Nun kennen wir zwar die grossen und vielen Leiden jener Zeitperiode: die blutigen Verfolgungen eines Trajan und eines Hadrian, die nach des letztern Tod nur zum Theil gemildert worden sind (R. Simon selbst war den härtesten Verfolgungen ausgesetzt und schwebte mehr als ein Mal in Todesgefahr, vgl. Grätz IV Note 28), wir wissen aber nichts von einer unzähligen Mal erlebten wunderbaren Hülfe Gottes, von welcher Raschi und Halachot Gedolot sprechen. Die zwei freudigen Ereignisse jener Zeit, die Entfernung des Quietus aus Palästina und die Zurücknahme der Verfolgungsedikte Hadrians,

Demnach wird die Abfassung des Kalenders und mit ihr die Einsetzung der meisten Gedenktage im ersten oder spätestens im zweiten Jahre der Landpflegerschaft des Coponius, also im siebenten oder achten Jahre nach Christus (62 oder 63 Jahre vor der Tempelzerstörung) stattgefunden haben. —

III. Es erübrigt nur noch die fünfte und letzte Frage über die Entstehung des Scholions oder der dem Grundtexte beigefügten hebräischen Erklärung, von welcher wir den aramäischen Grundtext als die eigentliche Megillath Ta'anith unterscheiden. Mit dieser Frage hängt die Bestimmung des geschichtlichen Werthes der im Scholion enthaltenen Nachrichten aufs engste zusammen; denn die Glaubwürdigkeit des Scholiasten ist durch seine Quellen und die Zuverlässigkeit seiner Person bedingt. Dass die hebräische Erklärung nicht zugleich mit dem aramäischen Grundtexte entstanden und dass sie diesem lange nachher beigefügt worden, ist eine ausgemachte Thatsache [1]; nur darüber gehen die Meinungen auseinander, ob sie, wenigstens deren grösster Theil, der talmudischen, oder ob sie ganz der gaonäischen Zeit angehöre. Nach der erstern Ansicht, welche Grätz vertritt, hatten sich theils in der talmudischen, theils in der nachtalmudischen Zeit „an den Grundtext Zusätze als Erklärungen angesetzt", nach der andern, von Rapoport [2] vertretenen Ansicht hätte Jemand im neunten Jahrhundert oder noch später die im Talmud befindlichen Erklärungen einzelner Gedenktage gesammelt, manches an ihnen willkürlich geändert und sie den eigenen Erklärungen zu den sämmtlichen übrigen Gedenktagen eingereiht. Rapoport glaubt sich durch manches Auffallende im Scholion zu dieser Vermuthung berechtigt. Vor Allem scheint eine hingeworfene Aeusserung im zweiten Capitel eine späte Zeit zu verrathen. Das Scholion sagt nämlich bei der Erklärung des Ge-

---

sind auch wirklich niedergeschrieben und zu den ältern Gedenktagen im Kalender hinzugefügt worden. Auf den richtigen Sinn der Stelle führen die Schlussworte des Scholioes. Diese lauten: „Jene (die Verfasser des Kalenders) waren an Leiden noch nicht gewöhnt und Unfälle begegneten ihnen selten, jetzt aber sind wir an unaufhörliche Leiden gewöhnt — wenn alle Meere Tinte, alles Schilf Schreibröhre, und alle Menschen Schreiber wären, es genügte Alles nicht, die unzähligen Leiden aufzuzeichnen, die jährlich hereinbrechen." — Aus diesen Worten des Scholions wie aus der Borajtha geht deutlich hervor, dass der Kalender in einer Zeit geschrieben worden ist, wo die Stimmung, wenn auch keine verzweifelte, doch eine gedrückte war — wofür übrigens auch das Verbot des Fastens und Trauerns spricht —, einer Zeit, wo das Volk hin und wieder von Leiden heimgesucht ward, nicht aber in den glücklichen Tagen nach der Befreiung, wo Alles im Siegesrausche der eiteln Hoffnung sich hingab, das römische Joch auf ewig abgeschüttelt zu haben, und wo man die Makkabäerzeiten wiedergekehrt glaubte.

1) Vgl. Grätz III Note 1.
2) *Erech Millin* p. 278, vgl. auch *p.* 189.

denktages zur Erinnerung an die Eroberung der Akra, indem es sich unmittelbar an die Textworte anlehnt: „Wie es denn heisst: David eroberte die Festung Zion, das ist die Davidstadt.¹ Dieser Ort ist es, den jetzt die Karäer bewohnen."² Schon Meyer, dem die hebräische Erklärung als gleichzeitig mit dem aramäischen Grundtexte gilt, hat sich darüber den Kopf zerbrochen, wie die Karäer, deren Sekte doch erst im Jahre 754 durch Anan b. David gegründet wurde³, in Megillath Ta'anith erwähnt werden können. Rapoport aber schliesst daraus, dass der Verfasser des Scholions dem neunten Jahrhundert oder einer noch spätern Zeit angehöre: er habe das Wort „Akra" nicht verstanden und die „Bewohner der Akra" (בני חקרא) für „Karäer" (בני הקראים, oder בני מקרא) gehalten. Aus den Eingangsworten geht aber deutlich hervor, dass der Scholiast die Bedeutung des Wortes „Akra" wohl gekannt hat, indem er die Akra mit der Festung Zion identificirt und also Akra richtig durch Burg erklärt. Es ist auch an sich schon schwer zu glauben, dass der Verfasser des Scholions, den man doch als einen Gelehrten bezeichnen muss und dem man auch eine gewisse Geschichtskenntniss nicht absprechen kann, in diesen so plumpen Irrthum verfallen sein sollte, die Karäer, deren Ursprung in der gaonäischen Zeit gewiss jedem nur einigermassen gebildeten Juden bekannt war, in die erste Hasmonäerzeit hinaufzurücken. Man würde also gezwungen sein anzunehmen, dass der Verfasser durch diese Bemerkung nicht etwa das Wort „Akra" erklären, sondern nur beiläufig erzählen wollte, dass in dem Orte, wo einst die Akra war, jetzt, zu seiner Zeit, die Karäer wohnten. Aber einmal war für diese Bemerkung hier nicht der Ort, und sodann ist das, was sie besagt, reiner Unsinn. Diese kurze Auseinandersetzung wird genügen, um nicht den leisesten Zweifel darüber aufkommen zu lassen, dass jene neckischen Worte nicht vom Verfasser selber, sondern von einem unwissenden Copisten herrühren. Der Scholiast sagt geschichtskundig, dass der feste Ort, den David einst erobert hatte, jetzt, in der Hasmonäerzeit, die Akra war.⁴ Der Abschreiber, der das nicht verstand, las מקים הקראים für מקים חקרא und erhielt so einen „Wohnort der Karäer". Dergleichen Abänderungen einzelner Wörter durch ungeschickte Hände, die dann einen falschen, verworrenen Sinn geben, sind im Scholion nicht selten⁵; man findet hier auch oft ganze Sätze, die man auf den ersten Blick als Einschiebsel späterer Abschreiber erkennt; manchmal sind Sätze des Scholions an unrechte Stellen gerathen und Namen aus Missverständniss ver-

---

1) II Samuel 5, 7; I Chr. 11, 5.
2) זה הוא מקום הקראים עכשיו.
3) Vgl. Munk, *Mélanges p.* 471.
4) זה היא מקום חקרא עכשיו.
5) Vgl. den zweiten Theil.

wechselt, ohne dass ein vorsichtiger Kritiker sich dadurch hinters Licht führen liesse. Eine ähnliche Stelle wie die vorige hat Grätz zu der Meinung verleitet, dass der Scholiast, der die **Erklärung des Jeruschalmi** zu einem Gedenktage vor sich gehabt habe, da „ein Wort missverstanden und daraus ein neues Factum gebildet" habe.[1] Dass aber diesen „Schnitzer" nicht der Verfasser, sondern ein Copist, der ein Wort im **Scholion** missverstand, gemacht hat, ist augenfällig. Schon an der wörtlichen Uebersetzung wird sofort ersichtlich werden, dass hier von einer jüngern ungeschickten Hand etwas verpfuscht worden ist. Nachdem das Scholion bei der Erklärung des Nikanortages mitgetheilt hat, wer Nikanor war und wie er seine Hand gegen den Tempel auszustrecken und Gott zu lästern pflegte[2], erzählt es: „Als aber die Hasmonäer die Oberhand gewonnen und Sieger geworden, drangen sie niedermetzelnd durch Nikanor's Reihen bis zu dessen **Verwandten** und **schnitten ihnen** die Köpfe, die Finger der Hände und die Zehen der Füsse ab, und **schnitten ihm** (das Verbum wird wiederholt) den Kopf und die Finger der Hände und die Zehen der Füsse ab (!!), und hängten sie (wen oder wessen?) gegen Jerusalem auf und schrieben darunter: Der Mund, der mit Stolz und Uebermuth gesprochen, die Hände, die ausgestreckt waren gegen Judäa, Jerusalem und den Tempel" u. s. w.[3] Das ungeshickte Einschiebsel ist unverkennbar. Der Scholiast erzählt dasselbe was der Jeruschalmi, dass nämlich die hasmonäischen Sieger bis zum **Kriegswagen** (לקרובין) des Nikanor vordrangen und ihm Kopf, Hände und Füsse abschnitten (ויחתכו את ראשו וכו׳); der Copist aber, der das Wort קרובין nicht verstand und glaubte, es bedeute „Verwandte", hat demgemäss die Worte des Scholions mit dem Zusatze ויחתכו את ראשם וכו׳ bereichert.[4] Der Scholiast, wenn er aus Missverständniss eines Wortes ein neues Factum gebildet hätte, würde dies nicht in so unvermittelter und ungefügiger Weise mit der Erzählung des Jeruschalmi zusammengeschoben haben.[5]

---

1) Ebend. Note 1, 4.
2) Vgl. I Makk. 7, 34—38; II Makk. 14, 33.
3) Vgl. I Makk. ebend. 47 und II Makk. 15, 30—35.
4) In der ältern Dyhernfürther und der neuen Königsberger Ausgabe ist dieses mit Recht ganz weggelassen.
5) Der Scholiast weicht hier nicht allein in den Ausdrücken, sondern auch in der ganzen Erzählung vom Jeruschalmi ab, was schon Beweis genug ist, dass er die Erklärung des Jeruschalmi nicht vor sich hatte. Die Stelle im Jeruschalmi lautet: נקניר שלטון משל מלכות יון עובר לאלכסנדריאה וראה את ירושלים וחירף וגידף וניאץ ואמר בשובי בשלום אתוץ את הבגדל הזה ויצא אליו אחד משל בית חשמוני והיה הורג בחיילותיו עד שהגיע לקרובין שלו וכיון שהגיע לקרובין שלו קטע את ידו וחתך את ראשו וחתבן בעץ וכתב מלמטן הפה שדבר באשמה והיד שפשטה בגאוה ותלוין בקונטס נגד ירושלים. — Grätz hat später seine irrige

Rapoport wurde, wie er selber erzählt, schon von Luzzatto darauf aufmerksam gemacht, dass „die Wohnung der Karäer" wohl der Missgriff eines Abschreibers sei.[1] Dennoch bleibt er dabei, den Missgriff auf Rechnung des Scholiasten zu setzen, welcher **einer sehr späten Zeit angehöre, indem er oft eigene Erklärungen zu den ältern Borajtha's hinzufüge**[2], z. B. in Cap. 4 die Differenz zwischen den Pharisäern und den Sadducäern in Betreff der Beweisführung bei einer Anklage gegen eine Neuvermählte.[3] Aber gerade die **Selbstständigkeit des Scholions dem Talmud gegenüber beweist, dass es nicht in der gaonäischen, sondern in einer viel frühern Zeit entstanden ist.** Man findet im Scholion nicht bloss Manches den Erklärungen der Borajtha's hinzugefügt, es erscheint auch Vieles an diesen Erklärungen geändert, die Erzählungen sind anders gehalten: kürzer oder länger, mehr oder weniger ausgeschmückt; im haggadischen Theil werden manchmal andere Bibelsprüche angeführt als im Talmud.[4] In der Zeit der Gaônim würde es kaum Jemand gewagt haben, Etwas zu dem im Talmud Berichteten und Angeführten hinzuzufügen oder daran zu ändern.

Zweitens wäre es bei dem compilatorischen Charakter des Scholions, das bei der Erklärung der Gedenktage alles, was sich darüber in den Mischna's und Borajtha's findet, zusammenträgt, und oft auch Erzählungen und Discussionen einflicht, die mit der eigentlichen Erklärung nichts zu thun haben und nur wegen einer oft sehr entfernten Analogie angeführt werden (wie dieses im Talmud gewöhnlich geschieht), ganz unbegreiflich, dass es, wenn es der gaonäischen Zeit angehörte, keinen einzigen der Amoraïm erwähnen und sich auf keine von deren Diskussionen über den Kalender im Allgemeinen und über einzelne Gedenktage beziehen sollte.

Drittens wird es bei dieser Ansicht immer ein Räthsel bleiben, woraus das Scholion seine historischen Nachrichten geschöpft und welche Quellen es benutzt hat.[5] Denn wollte man annehmen, es

---

Meinung zurückgezogen und stillschweigend sich selbst verbessert. Im dritten Band (Note 1, 19) bei einem antisadducäischen Gedenktag bemerkt er: „**Das Scholion hat das Motiv aus dem Talmud aufgenommen, aber ungeschickter Weise es mit einer andern Begebenheit in Zusammenhang und in Verwirrung gebracht**", während er dieselben verworrenen Stellen im vierten Band (Note 1, Anm. 2) als „**Einschiebsel einer ungeschickten Hand**" bezeichnet, „**von denen der Text der Megillat Ta'anit wimmelt.**"
1) Vgl. auch *Bet Haozar p.* 14.
2) : מוסיף לפעמים פרושים על הברייתות הקדמוניות.
3) Vgl. Grätz III, Note 10, α, 4.
4) Beispielsweise vergleiche man das Scholion zu Cap. 1 mit *Menachot* 65a, zu Cap. 3, 3 mit *Sanhedrin* 19a, zu Cap. 9, 3 mit *Joma* 69a, zu Cap. 12, 2—3 mit *Ta'anith* 18b und *jer. Ta'an.* 2, 13.
5) Frankel, Monatsschrift Jahrg. III, 444 Anm., meint, es wäre eine ver-

habe ihm das erste Makkabäerbuch in hebräischer Sprache[1] und Josephus in einer hebräischen Uebersetzung vorgelegen, so steht dem entgegen, dass es oft in den Angaben von beiden abweicht[2] und auch vieles erzählt was sich dort nicht findet; dass es aber ausser diesen noch andere Quellen für die Begebenheiten des Zeitraumes, über den sich die Gedenktage erstrecken, in der spätern Zeit existirt haben sollten, ist kaum glaublich; es würden sich dann doch irgend welche Spuren davon erhalten haben.

Wäre demnach die Frage nach den Quellen, aus denen der Scholiast in gaonäischer Zeit seine geschichtlichen Angaben geschöpft haben könnte, unlösbar, so würde dieses viertens noch um viel mehr die Frage nach dem Ursprung der Sagen im Scholion sein. Woher sollten denn diese Sagen kommen?[3] Der Scholiast kann sie doch wohl nicht selbst erdichtet haben. Dazu kommt noch, dass die sagenhaften Erzählungen des Talmuds vom Scholion mit vielen Verschiedenheiten im Einzelnen mitgetheilt werden.[4] Aus welcher alten, vom Talmud unabhängigen Quelle sollten sie ihm zugeflossen sein?

Wir schliessen aus dem allem, dass die Erklärungen, die das Scholion zu den Gedenktagen gibt, ältere Ueberlieferungen sind, welche lange Zeit in den Schulen wie alles andere Ueberlieferte sich mündlich fortpflanzten, und dann von einem der Halbtanaïm[5] oder der ersten Amoraïm (um den Anfang des dritten Jahrhunderts) als Borajtha's gesammelt, gesichtet, geordnet und niedergeschrieben worden sind. Nur bei dieser Annahme erledigen sich die angedeuteten Schwierigkeiten. Weder hat das Scholion Etwas aus dem Talmud aufgenommen, noch dieser aus jenem; sie sind beide von einander ganz unabhängig und theilen beide ältere Ueberlieferungen mit. Im Talmud sind die einzelnen Erklärungen auch Borajtha's und werden da als solche angeführt, und wenn sie in der Form, oft auch in dem Inhalt von denen im Scholion abweichen, so begreift sich das leicht; denn wie die Mischna's und Borajtha's über halachische Gegenstände, waren auch sie nicht in allen Schulen gleichlautend: in der einen Schule wurden sie den

---

dienstvolle wissenschaftliche Arbeit, die Quellen nachzuweisen, die das Scholion in seinen historischen Bestandtheilen benutzt habe. Aber wir zweifeln, dass dieser gewünschte Nachweis je geführt werden könne und irgendwie gelingen werde.

1) Hieronymus hat es noch in hebräischer Sprache vorgefunden, s. dessen *Prol. Gal.*
2) Vgl. Frankel a. a. O.
3) Vgl. den zweiten Theil.
4) Vgl. das Scholion zu Cap. 3, 3 mit *Sanhedrin* 19a, zu Cap. 5, 1 mit *Ta'enit* 28a und *jer. Ta'an.* 4, 7, zu Cap. 9, 3 mit *Joma* 69a, zu 12, 7 mit *Ta'anit* 23a.
5) Vgl. Grätz IV S. 256.

Jüngern in dieser, in der andern in jener Form eingeprägt; die eine Schule wusste die betreffende Geschichte oder Sage besser, die andere weniger gut; die eine kannte die sämmtlichen Erklärungen, die andere nur einige. Es wurden gewiss damals mehrere Sammlungen dieser erklärenden Borajtha's angelegt, von denen aber nur eine aufgezeichnet worden ist; diese schriftliche Sammlung, die sich bis auf unsere Zeit erhalten hat, mag überdies in der ersten Zeit geheim gehalten und nur in einzelnen Kreisen bekannt geworden sein, weil viele Gesetzeslehrer auch die Aufzeichnung der Aggada's scharf gerügt haben.[1] Dass in der talmudischen Zeit eine geordnete Sammlung von Erklärungen der Gedenktage unter dem Namen „Megillath Ta'anith" vorhanden war, ist daraus zu ersehen, dass der Text nebst der Erklärung dazu im Talmud mit der Formel דתניא במגלת תעניח angeführt wird[2]; der aramäische Text allein ohne die Erklärung wird in der Mischna, so oft sich diese darauf bezieht, immer und in der Gemara meistentheils mit דכתיב במגלת תענית angeführt, und dieses deshalb, weil er schriftlich vorlag und als schriftlich fixirter in allen Kreisen bekannt war.[3]

Für die Richtigkeit unserer Ansicht über die Entstehung des Scholions zeugt schliesslich auch noch der Umstand, dass die Ereignisse oft mit אמרו „es ist überliefert" eingeleitet werden, sowie der hebräische Styl und die ganze Form, welche das Gepräge der talmudischen Zeit an sich tragen.

II.

Die Frage nach dem historischen Werthe des Kalenders verdient jetzt nach beendeter Untersuchung der Entstehung der Gedenktage einerseits und des Scholions andererseits von neuem aufgeworfen zu werden, da der historische Werth des Kalenders von seiner Entstehung abhängt. Die Frage betrifft zunächst die Ereignisse, welche den Gedenktagen zu Grunde liegen, dann auch die vom Scholion gelegentlich mitgetheilten Nachrichten. Wenn die ersteren als unbezweifelte Thatsachen hingenommen werden, so geschieht es deshalb, weil man glaubt, die sämmtlichen Gedenktage seien jedesmal gleich nach den bezüglichen Ereignissen unter deren frischem Eindrucke eingesetzt worden, und sie demnach für voll-

---

1) Vgl. Rapoport *Erech Millin p.* 6, und Grätz IV S. 244.
2) *Sanhedrin* 19a, *Ta'anith* 12a. In der letztern Stelle werden zuerst die Schlussworte des Textes mit תענית דכתיב במגלת und gleich darauf ebendieselben Worte mit der Erklärung dazu, die sich im Scholion findet, mit דתניא במגלת תענית angeführt.
3) Vgl. Raschi zu der betreffenden Stelle in *Ta'an.*

giltige Zeugen derselben hält. Nachdem sich aber gezeigt hat, dass die meisten Gedenktage erst von den Schammaiten und Hilleliten eingesetzt worden sind, lassen sich Bedenken erheben: wer weiss, ob nicht die Verfasser des Kalenders manchem geringfügigen Ereignisse in Folge der zeitlichen Entfernung eine allzu grosse Bedeutung beigelegt und manches Sagenhafte und Unhistorische für geschichtliche Wahrheit gehalten hatten? Und in der That knüpfen sich nach der überlieferten Erklärung einige Gedenktage an Ereignisse von sagenhaftem Charakter. Daraufhin lässt sich nun freilich auch die Wahrheit der Aussagen über andere Gedenktage verdächtigen. Wir sind ja seit Beaufort [1] und Niebuhr daran gewöhnt, die Wahrhaftigkeit der in den Quellen enthaltenen Ueberlieferung über die Urgeschichte Roms zu bezweifeln, weil Vieles darin eine sagenhafte Grundlage hat und sie aus epischen Liedern geflossen zu sein scheint. Allein es ist ja auch möglich, dass man später den wahren Grund der Feier mancher Gedenktage nicht mehr wusste und ihnen deshalb eine historisch unhaltbare Erklärung gab. Zu dieser Annahme sind wir aber nicht bloss berechtigt, sondern auch gezwungen; denn der sechste und neunte Gedenktag haben mit aller Gewissheit für ihre Einsetzung andere Motive, als die man ihnen später gab, und lassen die Erklärung der überlieferten Borajtha's durchaus nicht zu.[2] Hierdurch ist die Unfehlbarkeit der überlieferten Erklärungen ein für allemal erschüttert; wir sind nunmehr nicht verbunden, ihnen überall zu folgen; wenn wir aber diejenigen Gedenktage, welchen die Ueberlieferung eine sagenhafte und geringfügige Veranlassung gibt, anders zu erklären im Stande sind, dürfen wir daneben doch die geschichtliche Begründung und Bedeutung der Gedenktage im Allgemeinen festhalten. Denn der Kalender ist nicht das Werk eines Einzelnen, von dem sich eine übereilte, oberflächliche und unrichtige Beurtheilung der Begebenheiten und der sie begleitenden Umstände eher erwarten liesse, sondern zweier ganzer Schulen, von denen wir gewissenhaftes und sachkundiges Verfahren zu erwarten berechtigt sind. Sodann ist zu erwägen, dass der Kalender religiöse Institutionen verzeichnet, welche Jahrhunderte hindurch von der ganzen Nation streng beobachtet wurden, und deren Feststellung gewiss mit Vorsicht, Ueberlegung und gewissenhafter Erwägung aller Einzelheiten geschehen ist. Auch wurde er, wie wir gezeigt haben, von den Schulen des ersten Jahrhunderts nach der Tempelzerstörung als eine Autorität angesehen,

---

1) *Sur l'incertitude des cinq premiers siècles de l'histoire Romaine* 1750.

2) Dass man später die Veranlassung der Feier dieser Gedenktage nicht mehr wusste, und, die Bedeutung der Wörter כלילאי und דימסאי nicht kennend, in dieser Verlegenheit sie mit Hülfe zweier Sagen zu erklären suchte, ist unleugbar, vgl. Grätz III, Note 1.

auf die man sich in Diskussionen über rituelle Fragen zu berufen pflegte. Drittens dürfte auch schon die bestimmte Angabe der Tage eine Gewähr für die allgemeine Zuverlässigkeit des den Gedenktagen zu Grunde Liegenden sein. — Welche Quellen aber den Hilleliten und Schammaiten bei der Abfassung des Kalenders vorgelegen, ob sie dazu das Tempelarchiv benutzt haben, aus welchem auch Josephus seine Nachrichten über die ältern Zeiten geschöpft haben will, oder ob ihnen sonst in ihren Schulen authentische Aufzeichnungen zur Verfügung standen, das ist eine unbeantwortbare Frage.

Ganz anders als mit den historischen Thatsachen, an welche sich die Gedenktage knüpfen, verhält es sich mit den **Erklärungen, die das Scholion gibt. Diese können keinen Anspruch auf geschichtliche Vollgiltigkeit erheben, da sie mit unverkennbaren Sagen vermischt sind und dann auch oft mit den uns anderweitig bekannten, aus sicheren Quellen fliessenden Nachrichten im Widerspruch stehen.** Dennoch aber wäre es unkritisch, wenn man deshalb Alles im Scholion geradezu als unhistorisch verwerfen wollte, auch das was nicht in das nebelhafte Gewand der Sage gehüllt ist und was kein Zeugniss gegen sich hat. Vielmehr müsste man da jede Nachricht, die sich in den Grenzen einer schlichten, schmucklosen Erzählung hält und nicht in das Gebiet der Sage abschweift, als ein historisches Factum aufnehmen, vorausgesetzt, dass sie dem von ältern authentischen Quellen Berichteten nicht direkt widerspricht; und selbst in den Fällen, wo wir uns berechtigt oder sogar gezwungen sehen, den Gedenktag anders zu erklären und ihm ein anderes Motiv zu geben, als es das Scholion thut, dürften dessen Nachrichten nicht ohne besondern Grund bezweifelt werden, denn diese sind doch nicht erst in Folge der Erklärung entstanden, sie sind von ihr völlig unabhängig, und müssen auch dann ihre Gültigkeit behalten, wenn jene schlechtweg verworfen wird. Und wenn man endlich die talmudischen Sagen in Schutz zu nehmen sucht und in ihnen historische Grundlagen entdecken will, so müsste man in gleicher Weise auch mit denen des Scholions verfahren, und dieses um so mehr, als dasselbe überlieferte Borajtha's in sich begreift, welche einer von den berichteten Begebenheiten nicht allzu weit entfernten Zeit angehören und in deren Sagen deshalb das Geschichtliche auch weniger entstellt und zusammengeschwunden sein dürfte. —

Wir wollen jetzt versuchen,[1] denjenigen Gedenktagen, zu deren Einsetzung eine geringfügige oder sagenhafte Veranlassung an-

---

1) Bei der aenigmatischen Kürze, in welcher der aramäische Text des Kalenders abgefasst ist, muss es als unrecht erscheinen, wenn man auf Vermuthungen, seien sie auch noch so ingeniös, wie auf historische Thatsachen baut. Dies gilt gegen Grätz, welcher aus dem neunten Gedenktag, der nach ihm in die Zeit

gegeben wird, eine andere, den Textworten entsprechende und auf geschichtlichen Thatsachen fussende Erklärung zu geben: „Den acht und zwanzigsten Tebet — heisst es im zehnten Capitel — fand die [erste] Gerichtssitzung des versammelten Synedrion (כניסתא) statt." Das Scholion gibt dazu folgende Erklärung: Das Synedrion war [seit Hyrkans Abfall vom Pharisäerthume] aus lauter sadducäischen Mitgliedern zusammengesetzt, weil die Pharisäer, mit Ausnahme des Simon ben Schetach, mit ihnen nicht zusammen fungiren durften.[1] Die Sadducäer wussten aber in den Sitzungen, welchen auch der König Jannai und dessen Gemahlin Salome beizuwohnen pflegten, auf die ihnen vorgelegten Fragen keine durch Beweise aus der heiligen Schrift begründete Antwort zu geben, wobei Simon ben Schetach ihnen bemerkte, dass nur derjenige würdig sei einen Platz im Synedrion einzunehmen, der [nach dem sadducäischen Prinzipe] für Alles Beweise aus der heil. Schrift zu bringen verstehe. Darauf ereignete es sich, dass bei einem rechtlichen Fall, die Sadducäer keine in der heil. Schriff begründete Entscheidung darüber finden konnten, [worauf Simon ben Schetach drang. Alle schwiegen verlegen,] bis auf einen Greis, der lispelnd zu ihm sagte: Gib mir drei Tage Zeit zur Ueberlegung. Als er aber auch nach Ablauf dieser Zeit keine Antwort wusste, kam er vor Scham nicht mehr hin, und Simon ben Schetach brachte, mit Hinweis darauf, dass im Synedrion immer 71 Mitglieder sein müssen, an seiner Statt einen Pharisäer. Auf diese Weise gelang es Simon ben Schetach, die sadducäischen Mitglieder allmählig aus dem Synedrialkörper zu entfernen und deren

nach dem Siege über die Römer fällt, einen Schluss zieht auf die Abfassungszeit des Kalenders, während dieser Gedenktag eher in die griechisch-syrische Periode gehört. Denn das Aufhören der Steuerzahlung an die Römer fällt mit deren Entfernung aus dem jüdischen Gebiete, wofür bereits der 15. Gedenktag vorhanden ist, zusammen, dagegen hörten in der griechisch-syrischen Periode die andern Steuern nicht gleichzeitig mit den Krongeldern auf (vgl. 1 Makk. 13, 35—40. Auch Jonathan erhielt von Demetrius II die Entlassung aller Steuern, vgl. *Jos. ant.* XIII, 4, 6) und der sechste Gedenktag kann daher nicht hindern, dass man auch den neunten in diese Zeit setze. — Von welcher Art theilweise Grätz's Erklärungen sind, kann man besonders an der zum 17. Gedenktag sehen. Er bezieht diesen auf die Lähmung und den darauf folgenden Tod des Alkimos, wodurch dessen sträfliches Beginnen, die „gitterartige Holzmauer" im Tempel niederzureissen, verhindert worden sei. Von alledem steht aber im Texte keine einzige Sylbe, es wird vielmehr hier ausdrücklich gesagt, dass am 23. Marcheschwan die Holzwand zerstört wurde, und der Gedenktag sollte doch zur Erinnerung an die Nichtausführung der gewollten Zerstörung eingesetzt sein. Dieser Gedenktag gilt ohne Zweifel der Zerstörung eines den Tempel entweihenden Werkes, das die Griechen da errichtet hatten, welcher Act vom Scholion angedeutet wird, aber wegen der versetzten und verworrenen Worte hier nicht sicher zu ermitteln ist. — Die Erklärung des Wortes סוריגא durch „gitterartige Holzwand" findet sich schon in *Aruch*, vgl. *Jabez* zu dem betreffenden Gedenktag.

1) Nicht aber „nicht wollten", wie Grätz meint, denn dieses würde dem Schluss der Erzählung widersprechen.

Plätze mit Pharisäern zu besetzen. Der Tag nun, an dem jene ganz aus dem Synedrion verdrängt worden und an ihrer Statt diese getreten waren, wurde zum Gedenktag eingesetzt. So weit das Scholion. Grätz[1] meint, dass an der Richtigkeit dieser Erklärung, die „historisch gehalten ist und auch zu der Aufschrift passt", nicht gezweifelt werden könne, und schliesst daraus[2], dass die eigentliche Wirksamkeit des Synedrion erst nach der hyrkanischen Zeit begonnen habe. Aber weder ist diese Erklärung historisch gehalten, noch entspricht sie den Textworten: der lispelnde Greis, der es allein gewagt haben soll, Simon ben Schetach anzusprechen,[3] dann die Bitte um eine Frist von drei Tagen zur Ueberlegung sind unverkennbar sagenhafte Momente, wie denn auch im aramäischen Texte nichts von der Wiedererrichtung eines pharisäischen Synedrion erzählt wird; כנסתא bezeichnet doch nicht etwa eine Synedrialversammlung der Pharisäer ausschliesslich, es können darunter eben so gut sadducäische Mitglieder verstanden werden. Ueberhaupt lässt sich die ganze Nachricht schwer glauben. Es ist möglich, dass Simon ben Schetach, dessen Weisheit auch von Jannai hochgeschätzt wurde und der am königlichen Hofe in grossem Ansehen stand[4], einige sadducäische Mitglieder durch Fragen vor dem König beschämt und sie so zum Austritte aus dem Synedrialkörper gezwungen hat; dass er aber die sämmtlichen sadducäischen Mitglieder auf diese Weise entfernt habe, ist kaum denkbar. Und wollte man die Möglichkeit eines völligen Ausscheidens der Sadducäer aus dem nur von ihnen besetzten Synedrion als unbestritten und die dafür angegebene Ursache als hinreichend gelten lassen, so wird man doch nicht begreifen können, wie es gekommen, dass die Sadducäer, nachdem sie aus Furcht vor Beschämung aus dem Synedrion ausgeschieden waren, bald wieder eintraten; denn diese hatten bis zur Regierungszeit der Königin Salome die Synedrialämter noch inne gehabt und wurden erst durch Juda ben Tabbai (um 79) entsetzt. Grätz sucht diese Schwierigkeit durch die Bemerkung zu beseitigen, dass die Sadducäer „in Folge der Zerwürfnisse zwischen Alexander und den Pharisäern zum zweiten Male die Synedrialämter inne hatten", was aber um so weniger richtig zu sein scheint, als jene ihre Aemter früher nicht gezwungen, durch den wiedergewonnen Einfluss der Pharisäer im Staate, sondern frei-

---

1) III S. 471.
2) Ebend. S. 106.
3) Ueberall, wo das Scholion von einem Auftritt der Pharisäer mit den Sadducäern berichtet, weiss es von einem sadducäischen Greise zu erzählen, der allein unter allen seinen Genossen den Muth gehabt hätte, lispelnd zu speechen, vgl. 1, 2; 5, 2; 8, 2.
4) Vgl. Berachot 48a, jer. Berach. 5, 2, Nasir 5, 8 und Genesis Rabba Cap. 91.

willig, aus einem Grunde, der noch jetzt vorhanden sein musste, niedergelegt hatten.

Mehr als wahrscheinlich ist es aber, dass dieser Gedenktag zur Erinnerung an die wiedererlangte Gerichtsbarkeit und überhaupt an die öffentliche Thätigkeit des hohen Rathes nach dem Siege der Hasmonäer über die Syrer eingesetzt wurde. Denn unbedingt war dieser Rath, dessen Ursprung weit über die Makkabäerzeit hinausreicht, während der Verfolgungen des Antiochos Epiphanes aller Wirksamkeit verlustig gegangen, und gewiss hat er sie schon nach der Eroberung Jerusalems durch Juda Makkabi wieder erlangt.[1]

---

[1] Die Meinungen über das Alter des Synedrion gehen bekanntlich weit auseinander (vgl. Salvador, I p. 88 f. Herzfeld, I S. 496); doch scheint so viel sicher zu sein, dass eine Vorsteherschaft der Alten (זקנים = γερουσία), an die man sich bei Rechtsstreitigkeiten zu wenden pflegte und welche die religiösen und allgemein bürgerlichen Angelegenheiten überwachte und leitete, bei den Juden sehr alt ist (s. Herzfeld, II, 2 S. 265). Das Synedrion als oberste Staatsbehörde und politisches Organ des Volkes ist nicht eine unvermittelt neue Schöpfung, es ist vielmehr eine weitere Entwicklung der schon lange vorher bestehenden, national ausgebildeten Rathes der Alten, der naturgemäss sich fortbilden und mit Zunahme der politischen Macht und des innern Wohlstandes des jüdischen Staates zu höherer Bedeutung und umfassenderer Wirksamkeit erwachsen musste, wie denn auch im römischen Staate aus dem Rathe der Alten, der ursprünglich als „Gesetzwächter" nur die von der Gemeinde gefassten, den bestehenden Einrichtungen aber zuwiderlaufenden Beschlüsse aufzuheben befugt war und dem Oberhaupt der Gemeinde als Staatsrath zur Seite stand, der spätere Senat mit seiner Machtfülle hervorgegangen ist (vgl. Mommsen, I S. 79—82. Berlin 1868). Der jüdische Rath scheint aber schon vor der hyrkanischen Zeit eine hohe politische Stellung im Staate eingenommen zu haben. Zu Verhandlungen mit den Römern und Spartanern wurden von Jonathan drei Mitglieder des Rathes abgesandt (Jos. ant. XIII, 5,8 gegen Ende, vgl. auch I Makk. 12, 6: Ἰωνάθαν ἀρχιερεὺς καὶ ἡ γερουσία τοῦ ἔθνους καὶ οἱ ἱερεῖς καὶ ὁ λοιπὸς δῆμος τῶν Ἰουδαίων Σπαρτιάταις...., wo der Rath auch vor den Priestern genannt wird, und in dem Briefe an die Alexandriner Juden wird er sogar vor Juda genannt, II Makk. 1, 10: καὶ ἡ γερουσία καὶ Ἰούδας ....). Noch vor dem Auftreten der Hasmonäer sehen wir drei Männer vom Rathe vor Antiochos Epiphanes Klage gegen den Hohenpriester Jason führen (II Makk. 4, 44), und nach dem Siege des Ptolemäos Philopator über Antiochos den Grossen die Juden vom Rath und den Aeltesten Gesandte an jenen schicken (III Makk. 1, 8: .... ἀπὸ τῆς γερουσίας, καὶ των πρεσβυτέρων....). — Grätz schliesst aus dem Berichte des Talmuds, Hyrkan habe „Paare" (זוגות), einen Synedrialpräsidenten und einen Vicepräsidenten eingesetzt (jer. Maaser Scheni Ende und Sota 9, 10), dass das Synedrion mindestens in Hyrkan's Zeit seine vollständige Reorganisation erhalten habe, da doch die Besetzung des Synedrialpräsidiums das Vorhandensein eines Synedrialkörpers voraussetzt (ebend. S. 107). Aber das Synedrion wird hierbei im Talmud gar nicht genannt. Und wie lässt sich aus dem Acte der Besetzung des Präsidiums auf vollständige Reorganisation schliessen? Ueberdies kann die Einsetzung der „Paare" nicht erst von Hyrkan herrühren, diese Einrichtung muss viel älter sein, da Jose b. Joëzer, der auf Veranlassung des Alkimos während der syrischen Verfolgungen hingerichtet ward (vgl. Frankel's Monatsschrift Jahrg. 1852, S. 405), und Jose b. Jochanan aus Jerusalem in Abot (1, 4) die Reihe der Paare eröffnen und die dort genannten je zwei Zeitgenossen nach der

Einen zu geringfügigen, augenscheinlich unrichtigen Grund gibt die Ueberlieferung zu der Feier des 16. Gedenktages: „Am dritten Tisri — heisst es im siebenten Capitel — wurde die „Erwähnung" (אדכרתא)[1] in den öffentlichen Documenten aufgehoben" (איתבטלית). Zur Erklärung sagt das Scholion, die Hasmonäer hätten nach dem Siege über die Syrer die Einrichtung getroffen, den Namen Gottes in öffentlichen Documenten anzubringen, so dass man z. B. zu schreiben pflegte, in diesem und diesem Jahre des Hohenpriesters Jochanan, der dem höchsten Gotte dient[2]; die Weisen, die davon hörten, hätten aber ihr Missfallen daran ausgesprochen und behauptet, es könne doch der Fall eintreten, dass der Name Gottes auf einen unreinen Ort zu liegen käme, wenn etwa Jemand seine Schuld bezahlte und dann den Schuldbrief zerrisse. In Folge dessen sei diese Einrichtung abgeschafft (בטלום) worden, und den Tag nun, wo dieses geschehen, habe man zum Gedenktag eingesetzt. Aber dass man dieses höchst unbedeutenden Vorganges wegen unmöglich einen Gedenktag eingesetzt haben kann, leuchtet ein. Der Scholiat scheint sich auch daran gestossen zu haben und sucht deshalb dieses Ereigniss von der Abschaffnung der Gewohnheit, den Namen Gottes in öffentlichen Documenten anzubringen, mit einem angeblichen Verbote der syrischen Regierung, wonach die Juden den Namen Gottes nicht laut werden lassen durften, in Zusammenhang zu bringen. Dieses kann aber die Schwierigkeit nicht nur nicht heben, sondern es vergrössert sie noch. Denn man durfte doch den Tag, wo jene Einrichtung abgeschafft worden, um so weniger zum Gedenktag erheben, als sie von den Hasmonäern getroffen ward und zwar im Anschluss an ein sehr wichtiges, den Lebensnerv der jüdischen Nation berührendes Ereigniss. Ausser-

---

Mischna *Chagiga* 2, 2 Häupter des Synedrion waren; sodann wird ebendort im Jeruschalmi, wo die Einsetzung der „Paare" auf Hyrkan zurückgeführt wird, auch von „Paaren" seit der ältesten Zeit gesprochen (*Sota* a. a. O.: תני בל הזוגות שעמדו משמת משה ועד שעמד יוסי בן יועזר איש צרידה ויוסי בן יוחנן ובי״ל). Hyrkan wird also die „Paare" nicht erst eingeführt, sondern diese Einrichtung nur wieder hergestellt haben. Dass eine Unterbrechung, wohl aus Mangel an gelehrten, der Präsidentenstellen würdigen Männern, wirklich eingetreten war, dafür spricht der Umstand, dass nach Jose b. Joëzer und Jose ben Jochanan bis Juda ben Tabbai und Simon ben Schetach, also während eines Zeitraumes von mindestens 80 Jahren nur ein einziges Paar genannt wird (vgl. Zunz ebend. S. 37 Anmerk. c.), womit auch jene Nachricht übereinstimmen wird, dass nach dem Tode des Jose ben Joëzer und Jose ben Jochanan die „Gelehrtenschulen" aufgehört haben (*jer. Sota* a. a. O., vgl. *Rapoport* ebend. *erech.* אשכלות).

1) So liest Raschi *Rosch-ha-Schana* 18b und so muss auch gelesen werden, denn die Lesart אדרבתא, welche sich in den meisten Ausgaben der Megillath Ta'an. findet, ist für die Erklärung der Ueberlieferung ganz unpassend.

2) שהיא משמש לאל עליון :

dem steht die Nachricht des Scholions im Widerspruch mit dem ersten Makkabäerbuch, nach welchem lediglich das Datum geschrieben wurde, ohne Nennung des höchsten Gottes.[1] Das Motiv zu diesem Gedenktag wird wohl richtiger die unter Simon erfolgte **Aufhebung des aufgezwungenen Gebrauches der seleucidischen Aera in öffentlichen Documenten** sein.[2] Denn aus den Worten des Makkabäerbuches geht hervor, dass die Juden von der syrischen Regierung zur Annahme der seleucidischen Aera gezwungen worden waren, und dass Contracte, in welchen nicht nach ihr datirt wurde, keine Gültigkeit hatten — sie heisst deshalb „Aera der Contracte" (מנין שטרות). Mit der Aufhebung dieses Zwanges fällt die endliche Befreiung vom syrischen Joche zusammen[3], welches glückliche Ereigniss jedenfalls mehr als irgend ein anderes die Einsetzung eines Gedenktages verdiente. —

Es bleibt noch ein Gedenktag übrig, den die neueren Erklärer eine sagenhafte Veranlassung geben: „Am acht und zwanzigsten dieses (Monats Schebât) — wird in Cap. 11 gesagt — wurde der König Antiochos von Jerusalem fortgenommen,' (אירנסתיה). Meyer und auch Grätz beziehen diesen Gedenktag auf den Tod des Antiochos Epiphanes, der nach dem Berichte des ersten und zweiten Makkabäerbuches in der Fremde, auf seinem Kriegszuge gegen die Parther und Elamiter umkam.[4] Dass die Quelle hier trübe ist und dass die letzten Unternehmungen des Antiochos Epiphanes und sein Tod in tiefes Dunkel gehüllt sind, gesteht auch Grätz ein, und an der ausgeschmückten Erzählung des zweiten Makkabäerbuches kann man deulich ersehen, wie sehr hier die Sage eingegriffen hat. Unter solchen Umständen ist es nun gar nicht denkbar, dass man noch später in Jerusalem genau den Tag zu bestimmen wusste, an dem Antiochos gestorben war. Die ganze Erklärung beruht auf einem Missverständniss, wozu die verderbten Schlussworte des Scholions die Hauptveranlassung gegeben zu haben scheinen. „Das Scholion — sagt nämlich Grätz — hat hier die richtige Erklärung, dass der Todestag des Tyrannen deswegen denkwürdig erschien, weil er fern von seinem Lande umkam: שמע שמיעא רעות והלך לו ונפל במקימו." Er scheint demnach diese Worte dahin zu erklären, dass Antiochos schlimme Nachrichten vernommen und deshalb in ein fremdes Land, um es zu bekriegen, gezogen war (והלך לו) und dass er dort seinen Untergang fand (ונפל במקומו). Nun wird in den beiden Makkabaerbüchern von unangenehmen Nachrichten, die Antiochos zum Kriegszuge gegen die Parther und Elamiter veranlasst hätten, nichts erzählt, vielmehr war es nach ihnen der Reich-

---

1) 13, 41 und 14, 27.
2) Was auch mehr dem Worte אירחנסטלית entspricht.
3) Vgl. I Makk. a. a. O.
4) I, 6, 1—16, II, 9.

thum der Stadt Elymais oder Persepolis und des dort befindlichen
Tempels, was ihn zum Zuge dahin verlockte. Sprachlich ist zu bemerken, dass das Verbum נפל im Neuhebräischen nirgends für „im
Kriege fallen" gebraucht wird, sowie בםקים nicht den Ort, wo sich
Jemand zufällig befindet, sondern den, dem er angehört, d. h. die
Stadt, wo er seinen beständigen Aufenthalt hat, bezeichnet. Dann
drückt bekanntlich הלך mit dem ethischen Dativ, ohne Angabe der
Richtung wohin, ein Sichfortbegeben von einem Orte aus[1] und
kann keinesweges einen Gang nach einem bestimmten Orte bezeichnen. Wollte man, was aber Grätz nicht thut, diese Worte des
Scholions auf den Rückzug des Antiochos aus Persien beziehen,
während dessen er nach dem ersten Makkabäerbuch[2] niederschlagende Nachrichten aus Judäa erhielt und vor Schreck darüber
zu Boden stürzte und krank auf sein Lager fiel, so würden zwar
die beiden ersten Schwierigkeiten wegfallen[3], aber ויהלך לו bleibt
dann noch unverständlicher als zuvor, wie überhaupt das Ganze in
den Zusammenhang der Erzählung des Scholions nicht passt. Nun
aber heisst es im aramäischen Texte ausdrücklich, dass Antiochos
an jenem Tage von Jerusalem entfernt wurde, was nichts
anderes sagen will, als dass er durch die Waffenmacht der Juden
dazu gezwungen ward, oder durch irgend etwas sich veranlasst sah,
von Jerusalem, in oder vor welchem er sich befand, abzuziehen;
dieses ist der Wortlaut und jede andere Erklärung ist hier unzulässig. Das Scholion führt diese nur kurz angedeutete historische
Thatsache weiter aus: „Derselbe (König Antiochos) bedrängte nämlich (durch Belagerung, צצר) die Bewohner Jerusalems, wohin er in
der bösen Absicht gekommen war, die Stadt zu zerstören und die
Juden zu vernichten. Diese konnten (wegen der umlagernden
Feinde) nur zur Nachtzeit aus der Stadt gehen und in dieselbe
kommen. Da gelangten zu ihm schlimme Nachrichten, wodurch
er sich veranlasst sah, von Jerusalem abzuziehen und
nach seiner Heimat zurückzukehren."[4] Dasselbe wird, und
zwar in unveränderter Form, vom ersten Makkabäerbuch erzählt.[5]
Der in unserer Stelle erwähnte Antiochos ist nicht Antiochos Epiphanes, sondern dessen Sohn Antiochos Eupator. Dieser junge
König fiel nach dem Tode seines Vaters mit einer grossen Heeresmacht in Judäa ein, eroberte die Festungen Bethzacharia und
Bethzur und drang bis Jerusalem vor. Lange Zeit belagerte er dann

---

1) Vgl. Gesenius § 154, 3 Anm. e.
2) 6, 5—9.
3) „Zu Boden stürzen" könnte schon נפל במקימו bedeuten.
4) ... וינפל משם וחלך למקימו, so oder וישמע שמיעית רעית וחלך למקימו,
muss ohne Zweifel gelesen werden, durch welche letztere Lesart auch die Entstehung des sinnlosen וינפל erklärlich wird.
5) 6, 51—63.

den Berg Zion und das Heiligthum, wobei die Juden durch den eingetretenen Mangel an Lebensmitteln in die höchste Noth geriethen. Da hörte der König, dass Philippos, der mit Antiochos Epiphanes in Persien war und den dieser vor seinem Tode zum Vormunde seines noch unmündigen Sohnes bestellt hatte, von dort zurückgekehrt sei und danach trachte, die Regierungsgewalt an sich zu reissen. Diese schlimme Nachricht veranlasste den König und seine Grossen, mit den Juden Frieden zu schliessen, das Heer von Jerusalem abziehen zu lassen und nach seiner Residenzstadt Antiochien zurückzukehren. Diesem ganz unverhofften Abzug des Antiochos Eupator gilt der Gedenktag des acht und zwanzigsten Schebât.